基于乡村振兴的农村产业升级与经济发展研究

程爱军◎著

中国商务出版社
·北京·

图书在版编目（CIP）数据

基于乡村振兴的农村产业升级与经济发展研究 / 程爱军著. -- 北京：中国商务出版社，2024.12.
ISBN 978-7-5103-5530-1
Ⅰ.F323
中国国家版本馆 CIP 数据核字第 2025K0A523 号

基于乡村振兴的农村产业升级与经济发展研究
程爱军◎著

出版发行：中国商务出版社有限公司
地　　址：北京市东城区安定门外大街东后巷 28 号　邮　　编：100710
网　　址：http://www.cctpress.com
联系电话：010—64515150（发行部）　　010—64212247（总编室）
　　　　　010—64515164（事业部）　　010—64248236（印制部）
责任编辑：丁海春
排　　版：北京天逸合文化有限公司
印　　刷：宝蕾元仁浩（天津）印刷有限公司
开　　本：710 毫米×1000 毫米　1/16
印　　张：13.25　　　　　　　　　　　　　字　　数：210 千字
版　　次：2024 年 12 月第 1 版　　　　　　印　　次：2024 年 12 月第 1 次印刷
书　　号：ISBN 978-7-5103-5530-1
定　　价：79.00 元

凡所购本版图书如有印装质量问题，请与本社印制部联系
版权所有　翻印必究（盗版侵权举报请与本社总编室联系）

前　言

随着全球化和现代化的加速推进，农村地区的经济发展与产业升级已成为国家发展战略的重要组成部分。乡村振兴战略的提出，是对农村经济社会发展的全面规划和部署，更是对城乡关系、工农关系深刻调整的积极回应，该战略强调"产业兴旺、生态宜居、乡风文明、治理有效、生活富裕"的总体要求，旨在通过一系列机制措施，推动农村经济结构的优化升级，实现农村经济的全面繁荣。在这一背景下，农村产业升级成为实现乡村振兴目标的关键环节。农村产业升级不仅涉及农业内部结构的优化调整，更涵盖了农村二、三产业的协同发展。通过发展现代农业、农产品加工业、乡村旅游业等新兴产业，农村产业可以实现由传统农业向现代农业、由单一产业向多元产业的转型升级。这一过程中，农村人力资源的开发与利用、科技创新的驱动作用、市场机制的完善与健全等因素都发挥着至关重要的作用。

然而，农村产业升级与经济发展并非一蹴而就。在实践中，农村地区面临着诸多挑战，如基础设施落后、人才流失严重、资金投入不足等。这些问题不仅制约了农村产业的升级步伐，也影响了农村经济的持续发展。因此，如何在乡村振兴战略的指导下，克服这些挑战，推动农村产业升级与经济发展，成为当前亟待解决的问题。

《基于乡村振兴的农村产业升级与经济发展研究》是一本专注于农村经济领域的著作，其写作背景根植于当前国家大力推行的乡村振兴战略。全书共分为八章，分别从乡村振兴与农村产业发展概述，农村产业结构优化与升级策略，农村产业升级的科技驱动，农村人力资源与产业升级互动，农村金融

基于乡村振兴的农村产业升级与经济发展研究

服务与产业升级，农村基础设施与产业升级关联，农村市场体系与产业升级，以及农村社区发展与产业升级协同等方面展开研究。通过深入分析和研究，本书旨在为乡村振兴战略下的农村产业升级与经济发展提供理论支撑和实践指导，推动农村经济实现全面、协调、可持续的发展。

作者
2024.5

目 录

第一章　乡村振兴与农村产业发展概述　/ 001
　　第一节　乡村振兴理念的提出及意义　/ 001
　　第二节　农村产业角色与升级动因　/ 009
　　第三节　农村经济发展现状与挑战　/ 015
　　第四节　产业经济学与农业现代化基础　/ 021

第二章　农村产业结构优化与升级策略　/ 030
　　第一节　农村产业结构调整方向与路径　/ 030
　　第二节　特色与品牌农业培育　/ 037
　　第三节　农村三次产业融合发展　/ 044
　　第四节　农业科技创新体系与智能技术应用　/ 050

第三章　农村产业升级的科技驱动　/ 058
　　第一节　智能农业与信息技术融合　/ 058
　　第二节　生物技术推广与节能环保应用　/ 065
　　第三节　科技力量在产业升级中的作用　/ 072

第四章　农村人力资源与产业升级互动　/ 079
　　第一节　农民技能提升与职业教育　/ 079
　　第二节　人才吸引与激励机制　/ 085

第三节 创业创新氛围营造 / 090

第四节 人力资源开发机制支持 / 096

第五章 农村金融服务与产业升级 / 103

第一节 金融创新支持产业升级 / 103

第二节 农村信用社与小额信贷 / 110

第三节 农业风险管理与保险 / 117

第四节 金融服务体系完善策略 / 123

第六章 农村基础设施与产业升级关联 / 131

第一节 农村交通信息网络升级 / 131

第二节 农田水利与能源设施建设 / 138

第三节 农村环境改善与生态建设 / 145

第四节 农村基础设施项目合作模式 / 152

第七章 农村市场体系与产业升级 / 159

第一节 农产品流通体系优化 / 159

第二节 农村电子商务发展 / 165

第三节 农产品品牌化与市场营销 / 171

第八章 农村社区发展与产业升级协同 / 184

第一节 农村社区治理能力提升 / 184

第二节 社区资本与产业升级关联 / 190

第三节 乡村文化保护与传承 / 198

参考文献 / 203

第一章　乡村振兴与农村产业发展概述

第一节　乡村振兴理念的提出及意义

一、乡村振兴理念的提出

（一）提出背景

1. 历史维度的考量

乡村是中华民族传统文明的发源地，在经济社会发展中始终占据着重要地位。从历史视角来看，乡村振兴理念的提出是历史嬗变的结果。自工业化初期以来，随着城市化的快速推进，乡村往往面临着资源流失、人口外流等挑战，导致乡村发展滞后，甚至出现了乡村衰落的现象。这一过程中，乡村社会的整体衰落与城乡发展的不平衡问题逐渐凸显，成为制约国家整体发展的重要因素。因此，实施乡村振兴战略，促进乡村的全面振兴和发展，既是对历史发展规律的顺应，也是对乡村发展困境的积极回应。

此外，从历史延续的角度来看，乡村振兴思想的提出也蕴含着对乡村建设实践的继承与发展。无论是民间的自发乡村建设，还是在新中国成立后党和国家领导的土地制度改革背景下的乡村建设，都为新时代的乡村振兴提供了宝贵的经验和教训。这些实践不仅彰显了乡村在国家发展中的重要性，也为乡村振兴理念的最终形成奠定了坚实的基础。

2. 现实发展的需要

进入新时代，我国社会主要矛盾已经转化为人民日益增长的美好生活需要和不平衡不充分的发展之间的矛盾。在这一背景下，城乡区域发展的不平衡问题日益突出，乡村发展的短板效应愈发显现。为了实现全面建设社会主义现代化国家的目标，必须坚决实施乡村振兴战略，缩小城乡差距，促进区域协调发展。

具体来说，现实发展需要乡村振兴理念来指导实践。一方面，随着城市化进程的加速，大量农村劳动力向城市转移，导致乡村劳动力短缺、人口老龄化等问题加剧。部分农村地区基础设施薄弱，公共服务水平低，严重影响了乡村居民的生活质量和幸福感。这些问题迫切需要采取有效的机制措施予以解决。另一方面，乡村地区拥有丰富的自然资源和文化底蕴，是推动经济社会可持续发展的重要力量。通过实施乡村振兴战略，可以激活乡村发展潜力，促进乡村经济转型升级和绿色发展，为国家发展提供新的增长动力。

3. 国际经验的启示

从国际经验来看，许多国家在工业化、城市化进程中都经历了乡村衰退的阶段。为了应对这一问题，这些国家纷纷采取了一系列措施来推动乡村振兴，如加强机制扶持、优化资源配置、提升公共服务等。这些实践经验为我国实施乡村振兴战略提供了有益的借鉴和启示。

特别是近年来，随着全球化进程的深入发展，国际社会对于乡村可持续发展的重视程度不断提升。各种国际组织和企业纷纷参与到乡村发展中，推动了乡村经济的多元化和国际合作化进程。这种国际趋势也促使我国更加深刻地认识到乡村振兴的重要性，并积极融入全球乡村发展的大潮中。

（二）提出时间

乡村振兴理念的提出具有深远的历史背景与现实意义，并非凭空而生，而是在对我国农业、农村、农民问题深刻洞察的基础上提出的战略性构想。

该理念首次正式提出是在 2017 年 10 月 18 日，由习近平主席在党的十九大报告中明确阐述。这一重大战略思想的提出，标志着我国有关部门对"三农"问题的高度重视和坚定决心。乡村振兴理念虽在党的十九大报告中得以初步明确，但其酝酿和思考的过程更长时间，是对我国经济社会发展阶段性特征的深刻把握，也是对全球乡村发展大势的积极回应。自提出以来，乡村振兴理念不断得到深化和完善，成为指导我国新时代"三农"工作的总纲领和总遵循。

二、乡村振兴的意义

（一）经济意义

1. 乡村振兴战略是建设现代化经济体系的重要基础

乡村振兴战略的实施为构建现代化经济体系奠定了坚实基础。农业是国民经济的基础，而乡村则是农业的载体和农民生活的家园。因此，乡村振兴直接关联着国家经济体系的稳固与发展。乡村振兴战略有助于促进农村经济的多元化发展。通过优化农业产业结构，发展特色农业、绿色农业，以及引入现代科技手段提高农业生产效率，农村经济得以显著增强。随着农村基础设施的完善和公共服务的提升，农村地区的投资吸引力也逐步增长，进而吸引了更多的资本、技术和人才流入，推动了农村经济的全面繁荣。乡村振兴战略的实施还有利于培育新的经济增长点。随着城市化进程的加速推进，城市经济的发展逐渐趋于饱和，而农村地区则蕴含着巨大的发展潜力。通过发展乡村旅游、农村电商等新兴业态，以及推广农村特色产品等方式，可以激发农村市场的消费潜力，为经济增长注入新的动力。

2. 乡村振兴战略推动农业从增产导向转向提质导向

乡村振兴战略的实施不仅关注农产品的产量增长，更注重农产品质量的提升和农业结构的优化，这一转变对于推动农业供给侧结构性改革、提高农业综合竞争力具有重要意义。一方面，乡村振兴战略注重农业的绿色化、优质化发展。通过推广生态农业、有机农业等模式，减少化肥农药的使用量，提高农产品的安全性和品质，不仅可以满足消费者对高品质农产品的需求，也有助于提升我国农产品在国际市场上的竞争力。农业生态环境的改善也为农村的可持续发展提供了有力保障。另一方面，乡村振兴战略推动农业走上品牌化发展的道路。通过加强农产品品牌建设、提高农产品的知名度和美誉度，可以增强消费者对农产品的信任度和购买意愿，这不仅有助于提高农产品的附加值和市场占有率，也能为农民带来更多的经济收益。此外，乡村振兴战略还强调农业科技的创新与应用。通过加大科研投入、引进先进技术和设备、培养高素质的新型职业农民等措施，提高了农业生产的科技含量和生产效率，不仅降低了生产成本，也提高了农产品的产量和质量，进一步增强了农业的综合竞争力。

（二）社会意义

1. 实现城乡一体化发展

城乡一体化是现代社会发展的重要趋势，而乡村振兴则是实现这一目标的关键环节。通过乡村振兴战略的实施，可以推动农村与城市的互补互促，进而形成共同繁荣的发展格局。乡村振兴有助于缩小城乡基础设施和公共服务的差距。通过加强农村基础设施建设，如改善交通条件、提升水利电力设施等，可以提高农村的生产生活环境，使农村居民能够享受到与城市居民相当的生活便利。优化教育、医疗等公共服务资源布局，确保城乡居民都能享有均等化的优质服务。

农业是国民经济的基础，而农村的振兴离不开产业的支撑，通过引导城市资本、技术和管理经验向农村流动，可以促进农村第一、二、三产业的融合发展。打造具有地方特色的现代农业产业链，不仅有利于提高农产品的附加值和竞争力，还能为城市居民提供更多优质的农产品和服务。农村产业的发展也为农村居民提供了更多的就业机会和创业空间，实现了城乡之间的互利共赢。乡村振兴还有助于保护生态环境和促进生态文明建设，农村地区通常是生态涵养的重要区域，通过推行绿色生产方式、加强环境整治等措施，可以保护农村的生态环境，防止水土流失、环境污染等问题的发生。这也为城市居民提供了更多亲近自然、体验农耕文化的机会，促进了城乡之间的交流与融合。

2. 促进农村经济的繁荣与农民生活幸福

乡村振兴的核心目标是促进农村经济的繁荣和农民生活幸福。通过深化农业供给侧结构性改革，推动农业现代化发展，可以提高农业生产效率和产品品质，从而增加农民收入来源。此外，乡村旅游业、电子商务等新兴产业的兴起也为农民提供了更多的增收渠道。当农民的经济收入得到提升后，他们的生活质量和社会地位也将随之提高。

乡村振兴还有利于改善农村的社会治理环境，加强农村基层基础工作，健全乡村治理体系，可以确保广大农民安居乐业、农村社会安定有序。这有利于构建和谐社会、减少社会矛盾、维护社会稳定。通过挖掘和传承农耕文化中的优秀元素，可以改善农民的文化素养和精神风貌，增强他们的文化自信和归属感。此外，乡村振兴还为农民提供了更好的生产生活条件，通过完善农村基础设施和公共服务设施，可以改善农民的生活环境；通过推广先进的农业技术和装备，可以提高农民的生产效率和工作质量。这些举措都有助于提升农民的生活品质和幸福感。

（三）生态意义

1. 保护和修复农村环境，实现人与自然和谐共生

农村是自然生态系统的重要组成部分，其环境的保护和修复对于维护生态平衡、保障生态安全具有不可替代的作用。在乡村振兴战略的实施过程中，注重农村环境的保护与修复，是实现人与自然和谐共生的关键所在。农村地区拥有丰富的生物资源，生态系统多样性，是大自然赋予人类的宝贵财富。通过加强农村土地资源的合理利用和管理，防止水土流失、土地沙化和盐碱化等生态环境问题，能够确保生态系统的稳定性和功能的完整性，进而维护生物多样性，不仅有利于生态环境的长期平衡，也为人类提供了更多的生态服务和福祉。

农业是农村经济的支柱产业，而农业生产的可持续性在很大程度上依赖

于良好的生态环境。通过推广绿色农业生产方式，减少化肥和农药的使用量，增加有机肥料的应用，不仅能够提高农产品的安全性和品质，还能够改善土壤质量，提升土地肥力。这种可持续的农业发展模式，有助于实现经济效益与生态效益的双赢。优美的生态环境是农村居民赖以生存的重要基础，也是提升他们生活质量的关键因素。通过加强农村环境治理，改善农村人居环境，如治理垃圾污染、控制面源污染、保护饮用水水源等，能够营造出更加宜居的乡村环境，有助于提高农民的满意度和幸福感，进一步激发他们参与乡村振兴的积极性和创造力。

2. 推动绿色发展，加强农村环境治理

绿色发展是推动乡村振兴的重要路径，也是加强农村环境治理的有效手段。通过推动绿色发展理念深入人心，促进生产生活方式转变，能够实现农村经济社会与生态环境的协调发展。

一方面，推动绿色发展要求在乡村振兴战略中注重资源节约和循环利用，意味着在生产过程中要尽量减少资源的消耗和浪费，提高资源利用效率。通过发展循环经济，实现废弃物的资源化利用，将废弃物转化为有价值的产品，从而减少环境污染和资源压力，这种绿色的生产方式有助于构建低碳、循环、可持续发展的乡村产业体系。另一方面，推动绿色发展还要求在农村环境治理中注重科技创新和制度创新，科技创新是解决环境问题的重要途径。通过引进先进的环保技术和设备，推动环境治理技术的创新和应用，能够提高环境治理的效率和效果。建立完善的制度体系是长效保障绿色发展的关键。通过制定相关法规和机制措施，明确各方责任和义务，形成有效的激励和约束机制，推动绿色发展理念的深入实践和持续推广。

（四）文化意义

1. 挖掘和弘扬乡村特色文化，传承中华优秀传统文化

在乡村振兴战略中，深入挖掘和弘扬乡村特色文化，对于传承中华优秀传统文化具有不可或缺的作用。乡村是传统文化的重要发源地，承载着丰富的历史信息和文化底蕴。通过加强乡村文化遗产的保护和利用，不仅可以唤

醒人们对历史的记忆，还能激发乡村社会的文化自觉和自信。

一方面，挖掘乡村特色文化意味着要关注和重视乡村社会中的独特习俗、传统技艺、乡土语言等文化资源。这些资源是乡村居民在长期历史发展过程中形成的宝贵财富，反映了乡村社会的历史变迁和文化积淀。通过系统的整理和展示，可以让更多人了解和欣赏乡村文化的独特魅力，进而促进乡村文化的传承与发展。

另一方面，弘扬中华优秀传统文化需要借助乡村这一重要阵地。中华优秀传统文化是中华民族的精神命脉，其中包含的道德观念、价值观念和行为准则对于塑造国民性格、促进社会和谐具有重要意义。在乡村振兴过程中，通过宣传和教育，将中华优秀传统文化融入乡村居民的日常生活，可以引导他们树立正确的世界观、人生观和价值观，提升乡村社会的整体道德水平。

2. 焕发乡村文明新气象，丰富乡村文化生活

乡村振兴战略的实施有助于焕发乡村文明新气象，为乡村居民提供更加丰富多样的文化生活。随着乡村振兴战略的推进，乡村基础设施建设不断完善，为乡村文化活动的开展提供了有力保障。通过建设文化活动中心、图书馆、阅览室等设施，可以满足乡村居民日益增长的精神文化需求，提高他们的文化素养和生活品质。乡村文化活动的丰富多样有助于增强乡村社会的凝聚力和向心力，通过举办各类文艺演出、节庆活动、民俗展览等，可以增进乡村居民之间的交流与互动，营造积极向上的文化氛围，这种氛围不仅能够激发乡村居民的归属感和自豪感，还能促进乡村社会的和谐稳定。独特的乡村文化和自然景观是吸引游客的重要因素，通过开发乡村旅游，可以将乡村文化与市场需求相结合，促进乡村经济的可持续发展。旅游业的兴起也能带动乡村餐饮、住宿等相关产业的发展，为乡村居民提供更多就业机会和收入来源。

（五）治理意义

1. 加强农村基层基础工作，健全乡村治理体系

在乡村振兴战略中，加强农村基层基础工作对于健全乡村治理体系至关重要，有助于提升乡村社会的组织化程度。通过强化农村基层党组织的建设，明确其领导核心地位，创新组织设置和活动方式，能够有效提升乡村组织的凝聚力和战斗力，确保各项机制措施得到有效执行。加强村民自治实践，推动乡村治理重心下移，可以激发乡村社会的活力和创造力，促进乡村治理的民主化、科学化和法治化。

通过建立健全乡村社会治理体制，整合优化公共服务和行政审批职责，打造综合服务平台，可以显著提升乡村治理的效率和响应速度。提高村级事务公开透明度，保障农民的知情权、参与权和监督权，能够有效防范和化解乡村社会矛盾，维护乡村社会稳定。此外，加强农村基层基础工作还有助于推动乡村经济持续发展。通过深化农村改革，激发农村土地、劳动力、资本等生产要素的活力，可以促进乡村经济转型升级和高质量发展，加强农村社会建设和管理。通过推动农村社会管理体制创新，可以提高农民的生活质量和幸福感，进一步激发乡村市场的消费潜力和投资吸引力。

2. 打造共建共治共享的现代社会治理格局

乡村振兴的治理意义还体现在打造共建、共治、共享的现代社会治理格局上。这一格局的构建需要有关部门、社会各界以及农民自身的共同努力。加大公共财政投入力度，支持农村基础设施建设、公共服务提升和生态环境改善等方面的工作，为乡村振兴提供有力支撑。社会各界也应积极参与乡村振兴事业。通过引导和支持社会力量下乡，推动城乡要素自由流动和平等交换，促进公共资源在城乡间均衡配置，鼓励企业和社会组织投身乡村建设和发展，形成多元化的乡村治理主体格局。农民作为乡村振兴的主体力量，更应积极参与到共建、共治、共享的现代社会治理格局中，通过提升农民的文化素质、技能水平和组织化程度，增强他们的自我发展能力和社会治理能力，加强对农民的宣传教育引导工作，培养他们的公民意识和法治观念，提高他们的社会责任感和自我管理能力。只有这样，才能真正实现乡村社会的全面进步和和谐发展。

第二节　农村产业角色与升级动因

一、农村产业在乡村振兴中的多元角色

（一）经济增长的引擎

1. 农村产业直接推动乡村经济总量的增长

农村产业作为乡村经济的主要组成部分，其发展与壮大直接促进了乡村经济总量的增长。农业作为基础产业，通过提高农业生产效率、优化农业产业结构，不仅提高了农产品的产量和质量，还提升了农业附加值，为乡村经济提供了稳定的收入来源。例如，现代农业技术的应用，如智能灌溉、精准施肥等，显著提高了农作物的产量和品质，增加了农民的收入。农村工业和服务业的兴起为乡村经济注入了新的活力，农产品加工业、乡村旅游、电子商务等新兴业态的快速发展，不仅延长了农业产业链，还创造了大量就业机会，促进了乡村经济多元化发展。农产品加工业通过对农产品的深加工和精加工，提高了农产品的附加值，为乡村经济带来了更高的收益。乡村旅游则利用乡村的自然景观、文化特色和民俗风情，吸引了大量游客，带动了当地住宿、餐饮、交通等相关产业的发展，为乡村经济带来了新的增长点。

2. 农村产业促进乡村经济结构的优化升级

农村产业的发展不仅促进了乡村经济总量的增加，还促进了乡村经济结构的优化升级。传统上，乡村经济多以农业为主，产业结构单一，抗风险能力弱。随着农村产业的多元化发展，乡村经济逐渐形成了农业、工业、服务业协调发展的格局，增强了经济的稳定性和可持续性。

一方面，农村产业的发展促进了产业间的融合与互补。例如，农业与旅游业的融合发展，形成了农业旅游、休闲农业等新型业态，既促进了农业的发展，又丰富了旅游业的内涵，提升了乡村经济的综合竞争力。另一方面，农村产业的发展还推动了产业链的延伸和拓展。通过发展农产品加工业、农

村电商等，将农产品从生产端直接连接到消费端，减少了中间环节，提高了经济效益。这些新兴产业的发展也促进了乡村物流、金融等配套服务的完善，为乡村经济的全面发展提供了有力支撑。

此外，农村产业的发展还促进了乡村经济的创新驱动。随着科技的不断进步和创新能力的提升，农村产业在新技术、新业态、新模式等方面的探索和应用日益广泛。例如，数字农业、智慧农业等新型农业形态的出现，不仅提高了农业生产的智能化水平，还促进了乡村经济的数字化转型和智能化升级。这些创新举措不仅提升了乡村经济的竞争力，还为乡村经济的长远发展奠定了坚实基础。

（二）就业与收入提升的保障

1. 农村产业提供多元化就业机会，缓解乡村就业压力

乡村就业是乡村振兴的关键一环，而农村产业的多元化发展为乡村居民提供了多样化的就业机会，有效缓解了乡村就业压力。传统农业通过引入智能农业、精准农业等技术，不仅提高了农业生产效率，还创造了对新型农业技术人才的需求，为乡村居民提供了更多就业机会。这些新型职业包括农业技术员、农机操作员、农产品电商人员等，为乡村青年提供了广阔的就业空间。农村工业和服务业的快速发展进一步拓宽了乡村就业渠道，农产品加工业、农村旅游业、农村电商等新兴业态的兴起，不仅延长了农业产业链，还带动了相关配套服务产业的发展，如包装、物流、营销等，为乡村居民提供了更多就业机会。例如，乡村旅游业的蓬勃发展，不仅促进了餐饮、住宿、导游等传统服务岗位的增加，还催生了乡村民宿管理、乡村旅游规划等新兴职业，为乡村居民提供了更多元化的就业选择。

2. 农村产业促进农民收入增加，提升生活水平

农村产业的发展不仅提供了就业机会，还通过提高农业生产效率、延长产业链、增加产品附加值等方式，显著提升了农民的收入水平，进而提高了乡村居民的生活质量。农业技术的进步和现代化改造提高了农业生产效率，大幅提升单位面积的产量和产值，直接增加了农民的收入。例如，精准施肥、

智能灌溉等技术的应用，不仅提高了农作物的产量和品质，还减少了资源浪费和环境污染，提高了农业生产的经济效益。

农村工业和服务业的发展为农民提供了更多的增收渠道。通过农产品深加工和精加工，提高了附加值，农民在销售农产品时能够获得更高的收益。农村旅游业、农村电商等新兴业态的发展，也为农民提供了更多的增收机会。例如，通过开设乡村民宿、销售特色农产品、开展乡村旅游服务等方式，农民可以实现多元化经营，增加收入来源。此外，农村产业的发展还促进了农村经济的整体繁荣，为乡村居民提供了更多的消费选择和就业机会，进一步提升了农民的生活水平。随着农村产业结构的优化和升级，乡村经济逐渐形成了多元化、可持续的发展格局，为乡村居民提供了更加稳定、可靠的收入来源。

（三）乡村文化与生态的保护者

1. 农村产业在乡村文化保护中的核心作用

乡村文化是乡村振兴的灵魂，而农村产业在保护和传承乡村文化方面发挥着不可替代的作用。农业作为乡村文化的重要组成部分，其生产活动本身就是一种文化传承。传统农耕文化、农耕技艺、农耕习俗等，都蕴含着丰富的乡村文化内涵，是乡村文化的重要载体。现代农业的发展，在引入新技术、新设备同时也注重对传统农耕文化的保护和传承，通过举办农耕文化节、农耕技艺展示等活动，让更多的人了解和认识乡村文化，增强了乡村文化的认同感和自豪感。

农村旅游业的发展，特别是乡村旅游和休闲农业的兴起，为乡村文化的保护和传承提供了新的途径。乡村旅游和休闲农业以乡村自然景观、文化特色、民俗风情等为主要亮点，通过开发乡村旅游产品、举办文化节庆活动等方式，将乡村文化与旅游紧密结合，既促进了乡村经济的发展，又保护和传承了乡村文化。例如，一些乡村地区通过举办民俗节庆活动、展示传统手工艺等方式，吸引了大量游客前来体验乡村文化，增强了乡村文化的传播力和影响力。

2. 农村产业在乡村生态保护中的关键作用

乡村生态是乡村振兴的基础，农村产业在乡村生态保护中发挥着关键作用。农业作为乡村生态的重要组成部分，其生产活动对乡村生态有着直接影响。现代农业的发展，在追求高产高效同时也注重生态环境的保护和可持续发展。通过推广生态农业、有机农业等环保型农业模式，减少化肥农药的使用，保护土壤和水资源，维护生物多样性，实现了农业生产与生态保护的协调发展。此外，农业废弃物的资源化利用，如畜禽粪便的有机化处理、农作物秸秆的综合利用等，也有效减少了农业面源污染，改善了乡村生态环境。

农村生态旅游和绿色旅游的兴起，为乡村生态保护提供了新的动力。生态旅游和绿色旅游强调在旅游活动中尊重和保护自然生态环境，通过开发生态旅游产品、推广绿色旅游方式等方式，引导游客在享受自然美景的同时增强环保意识和责任感。例如，一些乡村地区通过开发生态农庄、绿色度假村等旅游景点，引导游客参与农事活动、体验自然生活，既促进了乡村经济的发展，又保护了乡村生态环境。

二、农村产业升级的动因分析

（一）市场需求的变化与消费升级

1. 市场需求的变化推动农村产业结构的调整与升级

市场需求的变化是农村产业升级的首要动因。随着社会经济的发展和人民生活水平的提高，消费者对农产品的需求从基本的温饱需求转向了对高品质、多样化、安全健康的需求。这种需求变化直接促使农村产业从传统的以量取胜的生产模式向以质取胜的生产模式转变。

一方面，消费者对绿色、有机、无公害农产品的需求日益增长。这种需求变化促使农村产业在生产过程中注重环境保护，减少化学肥料和农药的使用，推广生态农业和有机农业。例如，许多农村地区开始发展有机蔬菜、有机水果等特色农业，以满足市场对高品质农产品的需求。这种需求变化也推动了农产品加工业的发展，如有机食品加工、农产品深加工等，进一步延长了农业产业链，提高了农产品的附加值。

另一方面，消费者对农产品的需求日益多样化。随着生活水平的提高，消费者对农产品的需求不再局限于传统的粮油、果蔬等，而是更加关注农产品的品种、口感、营养价值等。这种需求变化促使农村产业在生产过程中注重品种的改良和新品种的培育，以满足市场对多样化农产品的需求。这种需求变化也推动了农产品流通业的发展，如农产品电商、冷链物流等，进一步拓宽了农产品的销售渠道，提高了农产品的市场竞争力。

2. 消费升级引领农村产业升级与创新发展

消费升级是农村产业升级的另一重要动因。消费升级不仅体现在消费者对农产品品质、品种、口感等方面的要求提高，还体现在消费者对农业旅游、休闲农业等新型业态的需求增加。这种消费升级直接推动了农村产业的升级与创新发展。

一方面，消费升级促使农村产业向多元化、融合化方向发展。随着消费者对农业旅游、休闲农业等新型业态的需求增加，农村产业需要更加注重与旅游、文化、教育等产业的融合发展。通过开发农业旅游、休闲农业等新型业态，满足消费者对多元化、个性化服务的需求。例如，许多农村地区开始发展农家乐、民宿、乡村旅游等新型业态，通过提供具有地方特色的住宿、餐饮、娱乐等服务，吸引了大量城市游客前来体验乡村生活，进一步促进了农村经济的发展和繁荣。

另一方面，消费升级促使农村产业在生产过程中注重品质提升和品牌打造。随着消费者对农产品品质要求的提高，农村产业在生产过程中需要更加注重产品质量和品牌建设。通过提高农产品的品质、加强品牌宣传和推广等方式，提升农产品的市场竞争力和附加值。例如，许多农村地区开始发展品牌农业，通过打造具有地方特色的农产品品牌，提高农产品的知名度和美誉度，进一步拓宽了农产品的销售渠道和市场空间。

（二）技术进步与创新的推动

1. 技术进步促进农业生产效率与质量的双重提高

技术进步是农业生产效率与质量提高的根本动力。随着现代农业科技的不断发展，一系列新技术、新设备被广泛应用于农业生产中，显著提高了农业生产效率，降低了生产成本，同时提升了农产品的质量和安全性。

一方面，智能农业、精准农业通过物联网、大数据、人工智能等先进技术的集成，实现了对农业生产过程的精准控制和智能化管理。例如，智能灌溉系统能够根据土壤湿度和农作物生长需求自动调节灌溉量，既提高了灌溉效率，又节约了水资源；精准施肥技术则通过土壤检测和农作物营养需求分析，实现肥料的精确投放，既减少了化肥使用量，又提高了肥料利用率。这些技术的应用，不仅显著提高了农业生产效率，还有效减少了农业面源污染，保护了农业生态环境。

另一方面，生物技术的快速发展为农业生产带来了革命性的变化。通过基因编辑、分子标记辅助选择等现代生物技术手段，可以培育出高产、优质、抗病虫害的农作物新品种，提高农作物的产量和品质。生物技术还可以应用于动物育种和养殖领域，提高畜禽的生长速度、繁殖性能和抗病能力，降低养殖成本，提升畜产品的质量和安全性。

2. 技术创新引领农村产业多元化与融合发展

技术创新不仅推动了农业生产效率与质量的提高，还引领了农村产业的多元化与融合发展。随着科技的进步，农村产业不再局限于传统的农业生产，而是向农产品加工、农村旅游、电子商务等多个领域拓展，形成了多元化的产业体系。

一方面，农产品加工技术的进步促进了农业产业链的延长和价值的提升。通过现代化的加工技术和设备，可以将农产品加工成各种高附加值的产品，如即食食品、保健品、化妆品等，满足消费者对多样化、高品质农产品的需求。农产品加工技术的进步还推动了农村产业与食品工业、医药工业等相关产业的融合发展，形成了跨产业的合作与共赢。

另一方面，互联网、大数据、人工智能等先进技术的广泛应用，为农村产业的创新发展提供了新的机遇。通过电商平台、社交媒体等互联网渠道，可以将农产品直接销售给消费者，减少了中间环节，提高了农产品的市场竞争力。大数据和人工智能技术的应用，可以帮助农民更好地了解市场需求和消费者偏好，实现精准营销和个性化定制服务。此外，互联网、大数据等技术还可以应用于农村旅游、休闲农业等领域，推动农村产业与旅游业、文化产业的融合发展，形成新的经济增长点。

第三节　农村经济发展现状与挑战

一、农村经济发展现状

（一）农业总产值与粮食产量

1. 农业总产值稳步增长，反映农村经济多元化发展

近年来，随着农业技术的不断进步和农村产业结构的调整优化，我国农业总产值实现了稳步增长。这种增长不仅体现在传统农作物的产量提升上，更体现在农业产业链的延伸和农业多元化发展上。农业技术的革新显著提高了农业生产效率，使得单位面积的产量大幅提升，优良品种的推广和农业机械化程度的提高也为农业总产值的增长提供了有力支撑。这些技术革新不仅提高了农作物的产量，还改善了农产品的品质，满足了市场对高质量农产品的需求。农村经济的多元化发展也为农业总产值的增长注入了新的活力。随着农村产业结构的调整，许多地区开始发展特色农业、休闲农业、乡村旅游等新兴产业。这些产业不仅丰富了农村经济的内容，还提高了农业附加值，增加了农民收入。此外，农产品加工业、农业服务业等关联产业的快速发展，也进一步拉动了农业总产值的增长。

2. 粮食产量持续稳定，保障国家粮食安全

粮食产量作为农业总产值的重要组成部分，直接关系到国家粮食安全和农村经济的稳定。近年来，我国粮食产量持续稳定，为保障国家粮食安全奠定了坚实基础。一方面，得益于农业技术的不断进步和农田基础设施的完善，我国粮食单产水平不断提高。通过推广优良品种、科学施肥、病虫害综合防治等措施，有效提高了粮食农作物的产量和品质，农田水利设施的改善和农业机械化程度的提高,也为粮食生产提供了有力保障,这些措施的实施使得我国粮食产量在耕地面积有限的情况下,仍然能够保持稳定增长。另一方面,国家对于粮食生产的重视和机制支持,也为粮食产量的稳定提供了有力保障。通过实施一系列惠农机制,如粮食直补、良种补贴、农机购置补贴等,有效激发了农民种粮的积极性,加强粮食市场调控,稳定粮食价格,保障了农民种粮的合理收益。此外,国家还加大了对粮食储备和应急供应体系的建设力度,提高了应对粮食安全风险的能力。

(二)农村产业结构与多元化发展

1. 农村产业结构的演变

随着科技的进步与市场需求的变化,农村产业结构正经历着从传统农业向现代农业的深刻转型。这一过程不仅体现在农业生产效率的提高上,更体现在农业产业链的延长与产业结构的多元化上。农业生产效率的提高是农村产业结构转型的直接体现,现代农业技术的广泛应用,如精准农业、智能农业等,显著提高了农作物产量与质量,降低了生产成本,使得农业生产更加高效、环保,农业机械化、信息化的发展也极大地提升了农业生产的自动化与智能化水平,进一步释放了农村劳动力,为农村产业结构的调整提供了动力。

农业产业链的延长与产业结构的多元化是农村产业结构转型的更深层次体现。随着消费者对农产品品质与安全性的要求日益提高,农村产业开始注重农产品加工、品牌建设、市场营销等环节,形成了涵盖种植、养殖、加工、销售等多个环节的完整产业链。此外,农村产业还积极向乡村旅游、农村电商、休闲农业等新兴领域拓展,实现了产业结构的多元化发展。这些新兴产业的发展不仅丰富了农村经济的内容,还提高了农业附加值,增加了农民收入,为农村经济的可持续发展注入了新的活力。

2. 农村产业结构多元化发展

农村产业结构的多元化发展是推动农村经济全面振兴的重要途径。通过发展多元化的农村产业,可以有效提升农村经济的整体竞争力,实现农村经济的可持续发展。农村产业结构多元化发展有助于提升农村经济的抗风险能力。传统农业受自然灾害、市场需求波动等因素影响较大，而多元化的农村产业结构可以通过产业间的互补效应，降低单一产业的风险，增强农村经济的稳定性。例如，当传统农业受到自然灾害影响时，乡村旅游、农村电商等新兴产业仍能保持相对稳定的发展态势，为农村经济提供持续的动力。

农村产业结构多元化发展有助于提升农村经济的综合效益。多元化的农村产业结构可以充分利用农村地区的自然资源、人力资源与文化资源，形成具有地方特色的农村产业体系。这些产业不仅可以满足市场需求，还能提升农村地区的知名度与美誉度，吸引更多的投资与游客，促进农村经济的全面发展。多元化的农村产业结构还可以带动相关产业链的发展，形成产业集群效应，提升农村经济的整体竞争力。

（三）农村电商与数字化发展

1. 农村电商的蓬勃发展

近年来，农村电商以其独特的优势，成为连接农村与城市、农民与消费者的桥梁，显著拓宽了农产品的销售渠道，有效促进了农民增收。农村电商打破了传统农产品销售的地域限制，使得农产品能够跨越地域限制，直达全国乃至全球消费者手中。通过电商平台，商家可以更加便捷地获取市场信息，根据市场需求调整种植结构，提高产品的市场竞争力。农村电商还通过大数据分析，精准定位消费者需求，提供个性化、定制化的农产品服务，进一步提升了农产品的附加值。

农村电商的发展还带动了农村物流、仓储等相关产业的发展，形成了完整的农村电商生态链。随着物流基础设施的不断完善，农村电商的配送效率显著提高，农产品从田间地头到消费者餐桌的时间大大缩短，保证了农产品的新鲜度和品质。此外，农村电商还通过直播带货、社交电商等新型营销模式，吸引了大量年轻消费者关注，进一步扩大了农产品的市场影响力。

2. 数字化技术在农村经济中的深入应用

数字化技术在农村经济中的深入应用,不仅改变了传统的农业生产方式,还推动了农村经济的智能化、精准化发展,显著提高了农村经济的效率与竞争力。数字化技术在农业生产中的应用实现了农业生产的智能化、精准化,通过物联网、大数据、人工智能等技术的融合应用,农民可以实时监测农田环境、农作物生长状况,精准施肥、灌溉,有效提高了农业生产效率和农产品质量。数字化技术还可以帮助农民预测农产品市场行情,合理安排生产计划,避免盲目种植,降低市场风险。

此外,数字化技术还推动了农村经济的数字化转型,提高了农村经济的整体效率。通过建立农产品追溯体系、农村电商平台、农村金融服务等数字化服务平台,农村经济的各个环节得以更加紧密地连接,形成了高效协同的智能供应链。这些数字化服务平台不仅提高了农产品的流通效率,还降低了交易成本,为农民提供了更加便捷、高效的金融服务,进一步促进了农村经济的发展。

二、农村经济发展面临的挑战

(一)农业生产效率与资源约束

1. 农业生产效率提高的挑战

农业生产效率的提高是农村经济持续发展的关键,然而,当前农业生产效率的提高面临着技术瓶颈与劳动力短缺的双重挑战。技术瓶颈是制约农业生产效率提高的重要因素,尽管现代农业技术在提高农作物产量、优化种植结构、减少资源消耗等方面发挥了重要作用,但农业技术的创新与应用仍面临诸多困难。一方面,农业科研投入不足,导致新技术、新品种的研发滞后,难以满足现代农业发展的需求;另一方面,农业技术推广体系不健全,新技术、新品种难以快速普及广大农民,影响了农业生产效率的提高。劳动力短缺也是制约农业生产效率提高的重要因素。随着城市化进程的加速,大量农村劳动力向城市转移,导致农村劳动力短缺,尤其是高素质农业劳动力的匮乏。这不仅增加了农业生产的成本，还降低了农业生产的效率。农村劳动力的老龄化问题也日益严重，进一步增加了农业生产效率提高的难度。

2. 资源约束的挑战

资源约束是农村经济发展面临的另一大挑战。其中，土地资源紧张与水资源短缺尤为突出。土地资源紧张是制约农村经济发展的重要因素。随着城市化进程的加速和人口增长的压力，农村土地资源日益紧张，耕地保护面临巨大挑战。一方面，城市扩张和基础设施建设占用了大量耕地资源，导致耕地面积减少；另一方面，农业内部结构调整和土地流转不畅也加剧了土地资源的紧张状况。土地资源的紧张不仅限制了农业生产的规模扩张，还影响了农业生产的可持续发展。水资源短缺也是制约农村经济发展的重要因素，水是农业生产的命脉，然而，当前农村水资源短缺问题日益严重，尤其是在干旱和半干旱地区。水资源短缺不仅影响了农业生产的正常进行，还降低了农作物的产量和质量。水资源的过度开发和不合理利用还导致了生态环境的恶化，进一步加剧了水资源短缺的问题。

（二）农民素质与技能提升困难

1. 教育资源分配不均

教育资源分配不均是当前制约农民素质提升的关键因素之一。由于农村地区地理位置偏远、经济条件落后，教育资源往往难以得到有效配置，导致农民接受教育的机会和质量远低于城市地区。农村基础教育设施落后，师资力量薄弱，许多农村学校缺乏现代化的教学设备和优质的教育资源，教师队伍整体素质不高，难以为学生提供高质量的教育服务，使得农村学生在基础教育阶段就与城市学生存在明显差距，进而影响到他们未来的学习能力和职业发展。职业教育和成人教育是提升农民素质与技能的重要途径，但农村地区由于资金、师资等条件的限制，职业教育和成人教育的发展往往滞后。许多农民缺乏接受职业教育和成人教育的机会，导致他们的技能和素质难以得到有效提升，进而影响到农村经济的发展。

2. 农民观念保守

除了教育资源分配不均外，农民观念保守也是制约农民技能提升的重要因素。长期以来，农村地区由于信息闭塞、文化落后等原因，形成了相对保守的社会观念，在一定程度上阻碍了农民对新知识和新技能的接受和应用。农民对新技术和新知识的接受度不高，许多农民习惯于传统的耕作方式和管理模式，对新出现的技术和知识持怀疑态度，甚至抵触。这种保守的观念使得新技术和新知识难以在农村地区得到有效推广和应用，进而影响到农业生产效率的提高和农村经济的发展。农民缺乏创新意识和市场意识。在传统的农业社会里，农民往往以自给自足为目标，缺乏创新意识和市场意识，满足于现有的生产方式和产品，不愿意尝试新的种植模式和经营方式。这种保守的观念使得农村地区难以形成具有竞争力的农产品品牌和市场优势，进而影响到农村经济的发展。

（三）生态环境压力与可持续发展挑战

1. 农业污染问题与环境治理困境

农业污染问题已成为当前农村经济发展面临的重大挑战之一。随着农业集约化程度的提高，化肥、农药的过量使用以及畜禽养殖废弃物的无序排放等问题日益凸显，对农村生态环境造成了严重破坏。化肥和农药的过量使用导致了土壤和水体的污染。化肥和农药是现代农业生产中不可或缺的生产资料，但其过量使用不仅降低了农产品的品质，还造成了土壤板结、酸化等问题，严重破坏了土壤生态系统。化肥和农药的残留还会通过径流和渗透进入水体，对水生生态系统造成污染，威胁到农村饮用水安全和生态安全。畜禽养殖废弃物的无序排放加剧了农村环境污染。随着畜禽养殖业的快速发展，畜禽养殖废弃物排放量急剧增加，但由于处理技术和设施的缺乏，这些废弃物往往被直接排放到环境中，导致空气、水体和土壤污染，这种无序排放不仅影响了农村居民的生活质量，还加剧了农村生态环境的恶化。

在环境治理方面，农村地区面临着诸多困境。一方面，农村环境治理基础设施薄弱，缺乏有效的污水和垃圾处理设施，导致环境污染问题难以得到有效解决；另一方面，农村环境治理资金投入不足，机制支持和监管力度也不够，使得环境治理工作难以持续推进。

2. 农村资源过度开发与生态系统退化

农村资源的过度开发与生态系统退化是当前农村经济发展面临的另一个重大挑战。随着农村经济的快速发展，农村资源的过度开发问题日益严重，导致生态系统功能退化，威胁到农村经济的可持续发展。

农村土地资源的过度开发导致了土壤侵蚀和土地退化。一些地区为了追求短期经济利益，过度开垦荒地、滥伐森林、过度放牧，导致土壤侵蚀和土地退化问题严重，不仅降低了土地的生产力，还加剧了农村生态环境的恶化。农村水资源的过度开发和水体污染问题日益严重。随着农业灌溉和工业用水需求的增加，一些地区过度开采地下水，导致地下水位下降、水资源短缺等问题。水体污染问题也日益严重，许多河流、湖泊等水体受到农业污染和工业污染的影响，水质恶化，威胁到农村饮用水安全和生态安全。

农村生态系统的退化对农村经济可持续发展构成了长期威胁。生态系统的退化不仅降低了农村资源的生产力和利用效率，还加剧了自然灾害的发生频率和强度，给农村经济造成了巨大损失。生态系统的退化还影响了农村地区的生态平衡和生物多样性保护，对农村社会经济的可持续发展产生了深远影响。

第四节　产业经济学与农业现代化基础

一、产业经济学基础理论

（一）产业经济学的定义

产业经济学作为一门应用广泛的经济学分支，其核心在于对"产业"这一经济现象的深入剖析与理解。产业，作为国民经济的基本构成单元，指的是具有相同或相似特征的产品或服务的生产、流通、消费等经济活动的集合体。在产业经济学的语境中，产业不仅是经济活动的分类单位，更是研究经济规律、经济机制的重要视角。

产业经济学的研究围绕产业这一核心概念展开，旨在揭示产业内部企业之间的竞争与合作关系、产业之间的关联与互动、产业结构的演变规律以及产业布局的空间特征等。这些研究内容共同构成了产业经济学的知识体系，为理解复杂多变的经济现象提供了有力的理论工具。在产业经济学的理论体系中，产业不仅是经济活动的分类标签，更是研究经济规律、分析经济现象的重要维度。通过对产业的研究，产业经济学能够揭示出不同产业之间的内在联系、产业结构的演变趋势以及产业布局的空间特征等关键经济规律，为制定经济机制、发展战略提供了重要的理论依据。

(二) 产业经济学的主要理论框架

1. 产业组织理论

产业组织理论是产业经济学的核心组成部分，聚焦于市场在不完全竞争条件下的企业行为和市场构造，该理论旨在揭示产业内部企业的组织形态、市场结构、竞争策略及其对市场绩效的影响。产业组织理论的研究对象主要是同一产业内企业间的关系，包括交易关系、行为关系、资源占用关系和利益关系。市场结构是产业组织理论的基础，描述了产业内企业的数量、规模、市场份额以及产品差异化程度等因素。根据市场结构的差异，市场可以分为完全竞争、垄断、寡头垄断和垄断竞争等不同类型。每种市场结构下，企业的行为和市场绩效都会呈现出不同的特点。例如，在完全竞争市场中，企业是价格的接受者，而在垄断市场中，企业则能够通过控制产量和价格来最大化利润。

企业行为是产业组织理论关注的重点，涉及企业的定价策略、产品差异化策略、广告策略、研发策略等。企业行为不仅受到市场结构的影响，还受到企业自身资源、能力、战略定位等因素的影响。产业组织理论通过构建理论模型和分析实际案例，来揭示不同市场结构下企业的最优行为策略。市场绩效是产业组织理论的最终落脚点，衡量了市场运行的效率和公平性。

市场绩效包括资源配置效率、生产效率、技术进步、消费者福利等多个方面。产业组织理论认为，市场结构和企业行为共同决定了市场绩效。因此，通过优化市场结构、规范企业行为，可以提高市场绩效，促进产业健康发展。

2. 产业结构理论

产业结构理论是产业经济学的另一个重要分支，旨在从宏观视角出发，研究产业间的关联关系、产业结构的演变规律及其对经济发展的影响。产业结构理论的核心在于揭示产业间技术经济联系与联系方式不断发生变化的趋势，以及这些变化对经济发展过程中国民经济各部门起主导或支柱地位的产业部门的不断替代的规律及其相应的"结构"效益。产业关联是指产业间在生产和技术上存在的直接的投入产出关系，这种关系可以通过投入产出表来揭示，反映了社会再生产过程中的各种比例关系及其特征。产业关联理论强调产业间的相互影响和依存关系，为制定经济计划和进行经济预测提供了重要依据。

3. 产业布局理论

产业布局理论是产业经济学的又一重要分支，研究产业在不同地区的布局结构及其对国民经济的影响。产业布局理论的核心在于揭示产业布局的空间特征、区域经济发展和产业布局机制之间的关系。产业布局的空间特征是指产业在不同地区的分布规律和影响因素，产业布局受到自然资源、交通条件、市场需求等多种因素的影响，产业布局理论通过分析这些因素的作用机制，揭示了产业布局的空间特征。

区域经济发展与产业布局密切相关，合理的产业布局可以促进区域经济的协调发展，提高资源利用效率和经济效益。产业布局理论研究了如何通过优化产业布局来推动区域经济发展的问题，为有关部门制定区域经济发展机制提供了理论依据。产业布局机制是有关部门通过机制手段来引导和调控产业布局的过程，产业布局机制旨在促进产业在不同地区的合理分布和协调发展。产业布局理论为有关部门制定产业布局机制提供了理论支持和实践指导，通过制定合理的产业布局机制，有关部门可以引导产业向优势地区集聚，推动区域经济协调发展。

二、农业现代化基础理论

（一）农业现代化的定义与特征

1. 农业现代化的定义

农业现代化作为一个动态且多维度的概念，指的是从传统农业向现代农业转变的过程。这一过程不仅涉及农业生产方式、技术和管理手段的现代化，还包括农村经济结构、农业社会功能及农民生活方式等多方面的深刻变革。农业现代化是一个综合性的历史过程，将农业建立在现代科学的基础上，运用现代科技、工业装备和经济管理方法，旨在构建一个高产、优质、低耗的农业生产体系，以及一个资源高效利用、环境友好、可持续发展的农业生态系统。

从本质上看，农业现代化是农业生产力发展到一定阶段的必然产物，反映了农业与现代社会、经济、科技发展的深度融合。这一过程不仅要求农业生产技术和管理水平的显著提升，还强调农业与工业、服务业等其他产业的融合发展，以及农业在促进农村经济发展、提高农民生活水平、保护生态环境等方面的积极作用。

2. 农业现代化的特征

农业现代化具有多重显著特征，这些特征共同构成了现代农业的基本框架，推动了农业从传统形态向现代形态的全面转型。农业生产技术的现代化是农业现代化的核心特征之一，包括广泛应用现代科学技术，如生物技术、信息技术、新材料技术、新能源技术等，在农业生产中实现精准化、智能化、自动化。例如，通过智能农业装备，实现精准播种、精准施肥、精准灌溉等，显著提高农业生产效率和产品质量。农业生物技术如基因编辑、转基因技术等的应用，也为培育高产、抗逆性强的农作物新品种提供了可能。

农业现代化伴随着农业生产方式的深刻变革。传统农业以家庭为单位，生产规模小、效率低，现代农业则强调规模化、集约化、标准化的生产方式。

这种转变不仅提高了农业生产效率，还促进了农业资源的合理配置和高效利用。此外，现代农业还以市场为导向，注重农产品的商品化和品牌建设，通过市场机制来配置资源，提升农产品的市场竞争力。农业现代化要求农业管理模式的创新，包括运用现代经济管理方法、建立科学的管理体系，涵盖农业生产管理、财务管理、市场营销管理等多个方面。现代农业管理体系注重信息的获取和利用，强调决策的科学性和时效性，以实现资源的优化配置和高效利用，农业合作社、农业企业等新型农业经营主体的出现，也推动了农业管理的专业化和规模化发展。

（二）农业现代化的目标与路径

1. 农业现代化的目标

农业现代化是一个复杂而多维度的过程，旨在全面提高农业生产效率、促进农村经济发展、提高农民收入，并同时实现农业资源的可持续利用与环境保护。

农业现代化的首要目标是提高农业生产效率和综合生产能力，包括通过引入先进的农业科技和装备，如智能化农机、精准农业技术等，实现农业生产的机械化、自动化和智能化，从而提高劳动生产率和土地生产率。通过优化农业资源配置、推广高效农业生产模式，如轮作休耕、生态农业等，进一步提升农业综合生产能力，确保国家粮食安全和农产品有效供给。农业现代化旨在通过优化农业产业结构、延长农业产业链、提升农产品附加值等方式，推动农村经济发展，增加农民收入，包括发展农产品加工业、农业旅游业等新兴产业，促进农村第一、二、三产业融合发展；通过品牌建设、市场营销等手段，提升农产品市场竞争力，增加农民收入来源。

农业现代化强调农业资源的可持续利用与环境保护。通过推广节水灌溉、测土配方施肥、病虫害绿色防控等绿色生产技术，减少化肥和农药的使用量，降低农业生产对环境的污染等；通过加强农田水土保持、推广有机农业等措施，保护农业生态环境，提高土壤质量和水资源利用效率，实现农业生产的可持续发展。农业现代化还致力于提高农民的科技素质和农业社会化服务水平，包括加强农民科技培训，提高农民的科技应用能力和管理水平；发展农业社会化服务组织，为农民提供耕种收全程托管、统防统治、烘干仓储等专业化服务，降低农业生产成本，提高农业生产效率。

2. 农业现代化的路径

农业科技创新是推动农业现代化的关键力量。应加大农业科技研发投入，加强农业生物技术、信息技术、智能装备技术等领域的研发创新，培育高产、优质、抗逆的农作物新品种，研发智能化农机装备，提高农业生产效率。农业产业结构调整与升级是实现农业现代化的重要途径，应根据市场需求和资源禀赋条件，优化农业产业结构，发展具有比较优势的农产品产业带和特色农业产业；通过延伸农业产业链、提升农产品附加值等方式，促进农村第一、二、三产业融合发展；推动农业与旅游业、文化产业等深度融合，拓展农业发展新空间。

农业适度规模经营是提高农业生产效率、实现农业现代化的重要手段。应鼓励农民通过土地流转、股份合作等方式，将土地向专业大户、家庭农场、农民合作社等新型农业经营主体集中，发展适度规模经营。农业资源保护与可持续发展是实现农业现代化的重要保障，应加强农业资源保护意识教育，推广节水灌溉、测土配方施肥、病虫害绿色防控等绿色生产技术；加强农田水土保持工作，防止水土流失和土地沙化；鼓励农民参与农田生态环境的保护，在农业生产中注重生态效益和社会效益的同步提高。

三、产业经济学与农业现代化的关联分析

（一）产业经济学对农业现代化的指导作用

1. 产业组织优化与农业产业升级

产业经济学强调产业组织优化对于提高产业竞争力和生产效率的重要性。在农业现代化过程中，产业经济学通过揭示农业产业内部的组织结构和竞争关系，为农业产业升级提供了理论指导。产业经济学鼓励农业企业采用现代企业管理模式，如引入股份制、合作制等组织形式，提高农业企业的组织化

程度和管理效率，有助于农业企业更好地应对市场变化，提高市场竞争力。

产业经济学提倡农业产业链的整合与延伸。通过整合上下游产业，形成完整的农业产业链，可以提高农业生产的附加值和市场竞争力。通过延伸农业产业链，如发展农产品加工业、农业旅游业等，可以拓展农业发展的空间，促进农业多元化发展。此外，产业经济学鼓励农业企业加强技术创新和品牌建设，技术创新是提高农业生产效率和产品质量的关键，而品牌建设则是提高农业企业市场知名度和美誉度的重要途径。通过加强技术创新和品牌建设，农业企业可以不断提升自身的核心竞争力，推动农业产业升级。

2. 产业结构调整与农业资源配置

产业经济学强调产业结构调整对于优化资源配置、提高经济效率的重要性。在农业现代化过程中，产业经济学通过揭示农业产业结构的演变规律和趋势，为农业资源配置提供了理论指导。产业经济学鼓励农业产业结构向多元化和高级化方向发展，通过发展多种经营、优化种植结构等措施，可以降低农业生产的风险，提高农业资源的利用效率，推动农业向高附加值、高技术含量的方向发展，如发展设施农业、精准农业等，可以提高农业生产的效益和市场竞争力。

产业经济学提倡农业资源的合理配置与高效利用。通过科学规划农业用地、优化水资源配置等措施，可以提高农业资源的利用效率，降低农业生产成本，鼓励农业企业采用先进的生产技术和管理模式，如智能化、信息化等，进一步提高农业资源的利用效率。此外，产业经济学强调农业产业与其他产业的融合发展，通过推动农业与工业、服务业等产业的融合发展，可以拓展农业发展的空间，促进农业资源的优化配置和高效利用。例如，发展农业旅游业、农产品电子商务等新型业态，可以充分利用农业资源，提高农业附加值和市场竞争力。

3. 产业布局规划与农业区域发展

产业经济学强调产业布局规划对于促进区域经济协调发展的重要性。在农业现代化过程中，产业经济学通过揭示农业产业布局的规律和趋势，为农业区域发展提供了理论指导。产业经济学鼓励农业产业布局与区域资源禀赋相匹配，根据各地区的自然条件、资源优势和市场需求等因素，科学规划农业产业布局，可以充分发挥各地区的比较优势，提高农业生产的效益和市场竞争力。

产业经济学提倡农业产业布局的集聚与扩散相结合。通过推动农业产业集聚发展，如建设现代农业产业园区、农业特色小镇等，可以形成规模效应和集聚效应，提高农业生产的效益和市场竞争力，鼓励农业产业向周边地区扩散发展，可以带动区域经济的整体发展，促进农业区域协调发展。此外，产业经济学强调农业产业布局与区域生态环境的协调发展，在农业产业布局过程中，应充分考虑生态环境因素，避免过度开发和资源浪费等行为对生态环境造成破坏。通过推广绿色农业、生态农业等新型业态，可以实现农业生产与生态环境的协调发展，促进农业可持续发展。

（二）农业现代化对产业经济学的反馈作用

1. 农业现代化对产业经济学理论的验证

农业现代化进程为产业经济学理论提供了丰富的实证案例和验证机会，有助于深化和拓展产业经济学的理论体系。农业现代化验证了产业经济学的市场结构理论。在农业现代化过程中，农业市场结构发生了显著变化，如农业产业链的延伸、农业企业的规模化经营等。这些变化为产业经济学关于市场结构、市场行为和市场绩效的分析提供了实证基础，有助于验证和完善相关理论。

农业现代化还验证了产业经济学的技术创新理论。农业现代化的核心在于技术创新，包括农业生物技术的突破、农业机械化的推广、农业信息化的发展等。这些技术创新不仅推动了农业生产效率的提高，也对农业产业结构、农业资源配置等产生了深远影响。农业现代化进程中技术创新的实践，为产业经济学关于技术创新与产业发展关系的理论提供了有力支持。此外，农业现代化还验证了产业经济学的区域发展理论，在农业现代化过程中，农业区域发展呈现出多样化和差异化趋势，如农业产业集群的形成、农业特色小镇的兴起等。这些现象为产业经济学关于区域经济发展、产业集聚与扩散等理论的研究提供了丰富的实证案例，有助于深化和拓展相关理论。

2. 农业现代化对产业经济学实践的推动

农业现代化不仅为产业经济学理论提供了验证机会，还直接推动了产业经济学实践的发展和创新。在农业现代化进程中，农业数据的收集、处理和分析变得尤为重要，促使产业经济学研究者在实践中采用更加先进的数据分析方法和工具，如大数据分析、人工智能等，以提高研究的科学性和准确性。

农业现代化推动了产业经济学研究领域的拓展。随着农业现代化的深入发展，农业与其他产业的融合发展日益密切，如农业与工业、服务业的融合发展，促使产业经济学研究者在实践中关注更多元化的产业关联和互动关系，拓展产业经济学的研究领域。农业现代化还推动了产业经济学机制建议的创新，在农业现代化进程中，农业产业结构的优化、农业资源配置的改进、农业区域发展的协调等都需要产业经济学的理论指导。产业经济学研究者通过深入分析农业现代化进程中的问题和挑战，提出了一系列创新性的机制建议，如推动农业产业链整合、加强农业技术创新支持、优化农业区域布局等，为农业现代化提供了有力的机制保障。

第二章 农村产业结构优化与升级策略

第一节 农村产业结构调整方向与路径

一、农村产业结构调整的方向

(一) 现代农业发展

1. 农业科技创新与成果转化

在现代农业发展的背景下，农业科技创新与成果转化成为推动农村产业结构调整的一支关键力量。这一进程不仅促进了农业生产效率的提高，还带动了农业产业结构的优化升级，为农村经济的可持续发展注入了新的活力。

农业科技创新是推动现代农业发展的核心驱动力。随着生物技术、信息技术、智能装备等领域的不断突破，农业科技创新成果层出不穷，为农业生产提供了强有力的支撑。例如，基因编辑技术的应用使得农作物品种改良更加精准高效，提高了农作物的抗逆性和产量；物联网、大数据、人工智能等技术的应用则使得农业生产管理更加精准智能，实现了对农作物生长环境的实时监测和精准调控。这些科技创新成果的应用，不仅提高了农业生产效率，还改善了农产品品质，满足了市场对高质量农产品的需求。农业科技成果的转化是农业科技创新价值实现的关键环节，农业科技成果只有转化为实际生产力，才能发挥其应有的经济效益和社会效益。为此，需要建立有效的科技成果转化机制，推动产学研深度合作，加强农业科技园区、农业科技推广站等平台建设，促进科技成果与市场需求的有效对接。还需要加强农业科技人才的培养和引进，提高农民的科技素质和应用能力，为科技成果的转化提供有力的人才保障。

在农业科技创新与成果转化的过程中，有关部门、企业、科研机构、农户等各方应共同参与，形成协同创新的良好生态。有关部门应发挥引导作用，加大对农业科技创新的投入和支持力度，制定相关扶持政策，激发各方的创新活力。企业应成为农业科技创新的主体，加大研发投入，推动科技成果的产业化应用。科研机构应聚焦农业产业发展的重大需求，开展前沿性、基础性和应用性研究，为农业科技创新提供源头活水。农户则应积极参与农业科技创新与成果转化过程，通过学习和应用新技术、新方法，提高农业生产效率和质量。

2. 农业装备与智能化提升

农业装备与智能化提升是现代农业发展的另一个重要方向。随着科技的进步和农业生产的现代化需求日益增长，农业装备与智能化水平成为衡量一个国家农业发展水平的重要标志。

农业装备的智能化提升是提高农业生产效率的重要手段。通过引入智能农机装备，如自动驾驶拖拉机、智能播种机、无人机喷洒农药等，可以实现对农业生产过程的精准控制和智能化管理。例如，自动驾驶拖拉机可以根据预设的路径和参数进行精准作业，避免了人工操作中的误差和浪费；无人机喷洒农药则可以实现精准施药，减少了农药的过度使用和环境污染。农业装备的智能化提升还有助于推动农业产业结构的优化升级，随着农业装备的智能化水平不断提高，农业生产过程将更加注重精准化、高效化和绿色化，促使农业生产从传统的以数量扩张为主向以质量效益提升为主转变，推动农业产业结构的优化升级。农业装备的智能化提升还将带动相关产业的发展，如农机制造业、电子信息产业等，形成农业与工业、服务业等产业的融合发展态势。

在农业装备与智能化提升的过程中，需要加强农业装备的研发和制造能力，推动农业装备向高端化、智能化方向发展。还需要加强农业装备与信息技术的融合应用，提升农业装备的智能化水平和信息化程度。此外，还需要加强农业装备的使用和维护培训，提高农民的操作技能和维护能力，确保农业装备能够发挥最大的经济效益和社会效益。

（二）农村新兴产业培育

1. 农产品加工业升级

农产品加工业作为农村新兴产业的重要组成部分，其升级与发展对于推动农村产业结构调整、促进农村经济转型升级具有重要意义。农产品加工业的升级不仅有助于提升农产品的附加值，还能延长农业产业链，提高农业综合效益。

农产品加工业的升级主要体现在以下几个方面：一是技术创新与设备更新。通过引入先进的加工技术和设备，提高农产品的加工精度和效率，降低生产成本，提升产品质量。例如，利用现代生物技术进行食品加工，可以提高食品的营养价值和口感；采用智能化生产线进行农产品包装，可以提高包装效率和产品安全性。二是产业链延伸与整合。农产品加工业的升级不仅仅是加工环节的升级，更是整个产业链的延伸与整合。通过加强在农产品种植、养殖、加工、销售等环节的协作与整合，形成完整的产业链条，提高农产品的市场竞争力。例如，可以建立"公司+基地+农户"的产业化经营模式，实现农产品从种植到销售的全链条管理。三是品牌建设与市场营销。农产品加工业的升级还需要注重品牌建设和市场营销。通过打造具有地方特色的农产品品牌，提高产品的知名度和美誉度；加强市场营销力度，拓宽销售渠道，提高农产品的市场占有率。

2. 文化创意与养老产业

文化创意与养老产业作为农村新兴产业的重要组成部分，其发展为农村产业结构调整提供了新的路径。随着人们生活水平的提高和消费观念的转变，文化创意与养老产业的需求日益增长，为农村经济发展提供了新的增长点。

文化创意产业的发展主要依赖于农村丰富的自然资源和文化底蕴。通过挖掘和整合农村的自然景观、民俗风情、历史遗迹等文化资源，开发具有地方特色的文化创意产品，如乡村旅游、手工艺品、民俗表演等，可以满足城市居民对乡村生活的向往和体验需求。文化创意产业的发展还能带动相关产业的发展，如旅游接待、餐饮住宿、交通运输等，形成农村经济的多元化发展格局。

养老产业的发展则主要依赖于农村优美的自然环境和宜人的气候条件。随着人口老龄化的加剧和城市居民对养老环境的需求日益增长，农村养老产业迎来了前所未有的发展机遇。通过建设具有地方特色的养老社区、养老院等机构，提供优质的养老服务和设施，可以满足城市居民对高品质养老生活的需求。养老产业的发展还能带动相关产业的发展，如医疗保健、家政服务、休闲娱乐等，形成农村经济的多元化发展格局。

二、农村产业结构调整的路径

（一）技术创新与应用

1. 推广现代农业技术和管理模式

现代农业技术和管理模式的推广是农村产业结构调整的关键。通过引进和推广先进的育种、杂交、基因工程等生物技术，可以提高农作物的产量和质量，增强农作物的抗逆性和抗病虫害能力。这些技术的应用不仅有助于提升农产品的附加值，还能满足市场对高品质农产品的需求，从而增加农民收入。现代农业机械、无人机、智能设备等自动化设备的应用，可以显著提高农业生产的自动化程度和效率，降低农民的劳动强度，提高农业生产效率。例如，精准农业技术利用遥感、地理信息系统等先进技术，实现农田精细化管理、农作物生长监测、病虫害预警等功能，有效提升了农业生产的智能化水平。

除了技术推广，现代农业管理模式的引入必不可少。农业合作社、家庭农场等新型农业经营主体的培育，可以整合资源、优势互补，提高农业生产的效益和竞争力。通过组织农民成立合作社或农民专业合作社，推动农业生产的专业化和规模化发展，有助于提升农产品的市场竞争力。此外，农业科技创新和成果转化机制的建立，能够加快农业科技从研发到应用的转化速度，确保科技成果真正惠及农民，促进农业产业的持续健康发展。

2. 利用现代信息技术

现代信息技术在农村产业结构调整中发挥着重要作用。通过建设农业信息化平台，整合农业生产数据、基础信息、气象数据、农产品市场行情等市场资源，为农业生产提供精准的数据支持。利用大数据技术进行分析，可以实现农业生产的精细化管理，提高农作物的产量和质量，降低人工成本。例如，通过信息化技术监测和控制农作物的生长环境、农作物管理、肥料浇水、病虫害防治等，实现精准浇水、施肥、喷药等，从而提高农业生产效益。

现代信息技术在农村电商和农村旅游等新兴产业的发展中发挥着重要作用。农村电商通过线上线下的深度融合，拓宽农产品市场，增加农民收入。利用电子商务平台，农民可以直接将农产品销售到城市，免去中间环节，提高农产品的市场竞争力。农村旅游可以充分利用农村的自然环境和人文资源，吸引城市居民到农村旅游观光，促进农民增收。现代信息技术的应用为农村旅游提供了便捷的宣传和营销手段，提高了农村旅游的知名度和吸引力。此外，现代信息技术还有助于提高农民的综合素质和技能水平，通过互联网和在线教育平台，农民可以接受各类课程培训，提高自身的业务素质、科技素养、文化水平、营销能力等，不仅可以提高农民的就业质量和收入水平，还能为农村产业的发展提供充足的人力资源保障。

（二）人才培养与引进

1. 加强农民职业技能培训

农村产业结构调整需要有一支具备专业技能的农民队伍作为支撑。因此，加强农民职业技能培训，提升其专业素养和就业创业能力，是推动农村产业结构调整的重要途径。职业技能培训应紧密结合农村产业发展的实际需求，针对农村新产业、新业态的崛起，如乡村旅游、电子商务、数字农业等，开展有针对性的技能培训，使农民能够掌握新技能，适应新岗位。例如，通过举办电子商务培训班，教授农民如何在网上销售农产品，拓宽销售渠道；或者开展乡村旅游服务培训，提升农民的旅游接待和服务能力，促进乡村旅游业的发展。此外，职业技能培训还应注重实效性和可持续性，培训内容不仅要涵盖理论知识，更要注重实践操作，通过模拟实训、案例分析等方式，让农民在实践中掌握技能。要建立长期跟踪服务机制，为农民提供后续的技术支持和咨询服务，确保其能够持续提高技能水平。

2. 吸引和留住高素质人才

农村产业结构调整不仅需要提升现有农民的技能水平，还需要吸引和留住一批高素质人才。为农村产业发展注入新的活力，要营造良好的人才发展环境，包括完善农村基础设施和公共服务设施建设，提高农村生活便利化水平，优化农村生活环境，为人才提供良好的工作和生活条件。要建立健全农村人才激励机制，如提供具有竞争力的薪资待遇、完善的福利制度、明确的晋升通道等，激发人才的工作积极性和创新精神。此外，要注重本土人才的培养和挖掘。通过举办各类培训班、讲座等形式，提高本土人才的专业技能和综合素质，鼓励本土人才积极参与乡村建设和发展，在实践中锻炼成长，成为推动农村产业发展的中坚力量。

（三）基础设施建设与改善

1. 加强农村基础设施建设

农村基础设施是农村产业发展的基石，其建设水平直接关系到农村产业结构调整的成效。加强农村基础设施建设，不仅能够提升农村地区的生产条件，还能够为农村经济的多元化发展创造有利条件。交通基础设施的建设是农村产业结构调整的关键，便捷的交通网络能够缩短农村与城市之间的距离，降低农产品运输成本，提高市场竞争力。例如，通过修建农村公路、桥梁等交通设施，可以打通农村与城市市场的连接通道，使农产品更快捷地进入市场，同时吸引城市资本和技术进入农村，促进农村产业的升级和转型。

农田水利设施的建设对于提升农业生产能力至关重要。通过修建灌溉系统、排水系统、防洪设施等，可以有效应对自然灾害对农业生产的影响，提高农田的产出率和稳定性。例如，在干旱地区修建灌溉系统，可以确保农作物在关键生长阶段获得充足的水分，提高产量和品质；在洪涝易发地区修建防洪设施，可以保护农田免受洪水侵袭，减少损失。此外，农村电力、通信等基础设施的建设也是农村产业结构调整不可或缺的一环，电力设施的建设可以保障农村地区的生产和生活用电需求，为农村产业的发展提供稳定的能源供应；通信设施的建设则可以促进农村地区的信息化进程，提高农民获取市场信息和科技知识的能力，为农村产业结构的调整和优化提供智力支持。

2. 提升农村生产生活条件

农村生产生活条件的改善是农村产业结构调整的重要目标之一。通过提升农村地区的生产生活条件，可以吸引更多的人才和资金进入农村，促进农村产业的多元化发展。农村居住环境的改善是提升农村生产生活条件的基础，通过推进农村危房改造、村庄整治等工程，可以改善农民的居住条件，展现农村地区的整体面貌。加强农村环境卫生整治和垃圾处理设施建设，可以保持农村地区的清洁和卫生，提高农民的生活质量。

农村公共服务设施的建设对于提升农村生产生活条件具有重要意义。通过修建学校、医院、文化站等公共服务设施，可以提高农村地区的教育、医疗、文化等公共服务水平，满足农民的基本生活需求。这些设施的完善不仅有利于提高农民的生活质量，还能够为农村产业的发展提供人才和智力支持。此外，农村生态环境的保护与改善也是提升农村生产生活条件的重要方面，通过推进农村环境综合整治、加强农村生态保护与修复等工程，可以保持农村地区的生态平衡和生物多样性，提高农村地区的生态承载力。良好的生态环境不仅有利于农业生产的可持续发展，还能够为发展农村旅游业等新兴产业的发展提供有利条件。

第二节　特色与品牌农业培育

一、特色农业的发展

（一）特色农业的定义与特征

1. 特色农业的定义

特色农业是指在特定区域及其资源优势条件下，通过提供市场需要的特色农产品及相关服务，形成一定生产规模和产业化程度的农业生产与服务体系，具有明显特色、竞争优势和经济效益。这一概念强调了特色农业的地域性、市场导向性、经济效益性以及产业化特点。特色农业不仅关注农产品的生产，还涵盖了与之相关的服务，如加工、销售、旅游等，形成了一个综合性的农业生产与服务体系。

特色农业是相对于大宗农产品生产而言的，更侧重于满足市场对农产品多样化的需求，而非基本生活需求。特色农业的发展依赖于区域内独特的农业资源，如特定的气候、土壤、水源等自然条件，以及独特的品种、种植、养殖或加工技术。这些独特的资源禀赋和技术条件赋予了特色农产品独特的市场竞争优势，使其能够在激烈的市场竞争中脱颖而出。

2. 特色农业的特征

（1）地域性特征显著

特色农业的首要特征是地域性。与大宗农产品相比，特色农产品一般分布的区域范围较窄，往往局限于特定的地理区域或生态环境中。这种地域性不仅体现在农产品的生产上，还体现在农产品的品质、风味、外观等方面。特色农产品的地域性使其在市场上具有独特的标识性和不可替代性，成为区域经济的特色和亮点。地域性特征的形成与区域内的自然地理条件密切相关，不同的地理区域拥有不同的气候、土壤、水源等自然条件，这些条件对农产品的生长和品质产生深远影响。因此，特色农业的发展需要充分考虑区域内的自然条件,因地制宜地选择适合当地种植的农作物品种或养殖的动物,以实现最佳的经济效益和生态效益。

(2)经济效益高且市场需求多变

特色农业的另一个显著特征是经济效益高。由于特色农产品具有独特的市场竞争优势,其市场价格一般较高,能够为生产者带来较高的经济收益。这种高经济效益不仅激励了农民从事特色农业生产的积极性,还吸引了社会资本和技术的投入,推动了特色农业的快速发展。然而,特色农业的经济效益也面临着市场需求的易变性和局限性挑战。市场对特色产品的需求是经常变化的,单一的农产品随时有可能被市场淘汰。特色农产品的市场需求数量有限,而物以稀为贵,其产量一旦过分增加,就可能失去特色产品的经济高效特点。因此,特色农业的发展需要密切关注市场动态和消费者需求的变化,及时调整生产结构和产品种类,以保持市场竞争力和经济效益的稳定。

(二)地方资源禀赋与特色农业选择

1. 地方资源禀赋对特色农业发展的基础性作用

地方资源禀赋是指某一地区所特有的自然资源、生态环境、气候条件、地理位置、历史文化和人力资源等要素的综合体现。在特色农业的发展过程中,地方资源禀赋扮演着基础性角色,为特色农业的选择和发展提供了坚实的支撑。

地方资源禀赋为特色农业的选择提供了丰富的物质基础,不同地区的土壤、气候、水源等自然条件差异显著。这些条件直接决定了农作物的生长环境和品质特征。例如,某些地区可能因土壤肥沃、气候适宜而特别适合某种特色农作物的种植;另一些地区则可能因水源丰富、水质优良而适合发展特色水产养殖业。因此,地方资源禀赋为特色农业的选择提供了丰富的物质基础,使得各地能够根据自身条件发展具有地方特色的农业产业。

地方资源禀赋为特色农业的发展提供了独特的竞争优势。在市场竞争日益激烈的背景下,特色农业要想取得成功,必须拥有独特的竞争优势。而地方资源禀赋正是特色农业竞争优势的重要来源。例如,某些地区可能因地理位置独特、气候条件优越而生产出特色农产品，其品质卓越、口感独特，从而在市场上获得竞争优势。此外，地方资源禀赋还包括了当地的历史文化和人力资源等要素，这些要素也为特色农业的发展提供了独特的竞争优势。

2. 基于地方资源禀赋的特色农业选择策略

基于地方资源禀赋的特色农业选择策略是指在充分认识和利用地方资源禀赋的基础上，结合市场需求和技术进步等因素，科学合理地选择和发展特色农业产业。这一策略的核心在于因地制宜、扬长避短，实现特色农业的可持续发展。

在选择特色农业产业之前，必须对当地的资源禀赋进行全面深入的调查和分析，包括对土壤、气候、水源等自然条件的调查和分析，以及对历史文化、人力资源等要素的调查和分析。通过资源调查和分析，可以明确当地的优势资源和潜在劣势，为特色农业的选择提供科学依据。在选择特色农业产业时，不能仅仅局限于地方资源禀赋本身，还需要结合市场需求和技术进步等因素进行综合考虑。市场需求是特色农业发展的动力源泉，只有满足市场需求的特色农业才能取得成功。技术进步也是特色农业发展的重要支撑，通过引进新技术、新品种和新设备等手段，可以提高特色农业的生产效率和产品品质。

（三）特色农业产业链的构建与延伸

1. 特色农业产业链的构建

特色农业产业链的构建是特色农业发展的关键步骤，涉及从农业生产到加工、流通、销售等多个环节的整合与优化。特色农业产业链的构建不仅有助于提升农产品的附加值，还能增强农业产业的整体竞争力。

特色农业产业链的构建需要明确产业定位和发展目标，根据地方资源禀赋和市场需求，确定特色农业的主导产品和产业链的发展方向。例如，在水果种植地区，可以围绕水果种植构建包括水果种植、采后处理、冷链物流、深加工、品牌销售等环节在内的完整产业链。构建特色农业产业链需要强化产业链各环节之间的协同与合作，农业生产、加工、流通和销售等环节之间应形成紧密的合作关系，确保产业链的高效运转，包括建立稳定的原料供应基地、加强农产品质量安全管理、优化物流配送体系、提升销售渠道和服务质量等。

科技创新是特色农业产业链构建的重要驱动力。通过引进和推广先进的农业技术和管理模式，提升农产品的品质和产量，降低生产成本，提高产业链的整体效益。例如，利用物联网、大数据等现代信息技术，实现农业生产的精准管理和智能化控制，提升农产品的品质和产量。特色农业产业链的构建还需要注重品牌建设和市场推广。通过打造具有地方特色的农产品品牌，提升农产品的知名度和美誉度，增强市场竞争力。通过有效的市场推广手段，扩大特色农产品的销售渠道和市场覆盖面，提高产业链的经济效益。

2. 特色农业产业链的延伸

特色农业产业链的延伸是特色农业持续发展的重要途径，有助于进一步挖掘农业产业的潜力，提升农产品的附加值，拓宽农民增收渠道。特色农业产业链的延伸可以通过农产品深加工实现，通过引进先进的加工技术和设备，对农产品进行精、深加工，开发出一系列高附加值的产品。例如，将水果加工成果汁、果酱、果干等系列产品，不仅可以延长农产品的销售周期，还能提升农产品的附加值。特色农业产业链的延伸还可以通过农业与旅游、文化、教育等产业的融合发展实现。通过挖掘农业产业的多元价值，开发农业观光、休闲体验、科普教育等新型业态，吸引城市居民到农村旅游、消费，拓宽农民增收渠道。例如，在水果种植地区，可以开发水果采摘园、农家乐等旅游项目，吸引城市居民前来体验农业生产的乐趣。

二、品牌农业的培育

（一）品牌农业的基本概念与内涵

1. 品牌农业的基本概念

品牌农业作为现代农业发展的重要方向，是指通过品牌策略、营销手段等方式，提升农产品的知名度和美誉度，推动农产品市场化和品牌化发展的一种农业经营模式。这一概念的核心在于将品牌理念引入农业领域，通过品牌建设提升农产品的附加值和市场竞争力。品牌农业强调农产品的品牌化运营，包括为农产品设计独特的品牌标识、品牌故事和品牌文化，通过品牌塑造提升农产品的认知度和美誉度。品牌标识作为农产品与消费者之间的桥梁，能够直观地传达农产品的品质和特色；品牌故事则通过讲述农产品的生产背景、历史渊源和文化内涵，增强消费者对农产品的情感认同；品牌文化则通过传递农产品的价值观和生活方式，与消费者建立深层次的情感连接。

品牌农业注重农产品的质量和安全，要求农产品在生产过程中必须遵循严格的质量标准和安全规范，确保农产品的品质和安全性，包括选用优质的种子和肥料、采用科学的种植和养殖技术、加强农产品的质量检测和追溯等。通过提升农产品的质量和安全水平，品牌农业能够赢得消费者的信任和忠诚，为农产品品牌的发展奠定坚实基础。此外，品牌农业倡导农产品的市场化和品牌化发展，要求农产品必须遵循市场规律，通过市场调研和需求分析，确定农产品的目标市场和消费群体，制定有针对性的营销策略和推广计划。品牌农业还注重农产品的品牌化运营，通过品牌建设提升农产品的附加值和市场竞争力，实现农产品的品牌溢价和市场扩张。

2. 品牌农业的内涵

（1）品牌农业强调农业产业链的整合与延伸

品牌农业要求农产品必须实现全产业链的整合与延伸，从农业生产、加工、流通到销售等各个环节都必须紧密衔接、协同运作。通过整合农业产业链资源，品牌农业能够降低生产成本、提高生产效率，同时实现农产品的标准化、规模化和品牌化发展。此外，品牌农业还注重农业产业链的延伸，通过开发农产品深加工、农业旅游、农业教育等新型业态，拓宽农民增收渠道，推动农业产业的多元化发展。

（2）品牌农业注重农业文化的挖掘与传承

品牌农业要求农产品必须蕴含丰富的文化内涵和历史底蕴。通过挖掘和传承农业文化，提升农产品的品牌价值和市场竞争力。这包括挖掘农产品的历史渊源、文化特色和地域特色，将其融入品牌建设和营销策略中，增强消费者对农产品的情感认同和文化认同。品牌农业还注重农业文化的传播和推广，通过举办农业节庆、文化展览等活动，提升农产品的知名度和美誉度，推动农业文化的传承和发展。

（3）品牌农业倡导农业可持续发展

品牌农业要求农产品必须遵循可持续发展原则，注重环境保护和资源节约，实现农业生产的绿色、低碳和循环发展。这包括采用生态农业技术、推广有机农业和绿色农业模式、加强农业废弃物的资源化利用等。通过实现农业可持续发展，品牌农业能够提升农产品的生态价值和社会价值，为农业产业的长期稳定发展提供有力支撑。

（二）农业品牌培育的关键要素

1. 品质保障与标准化生产

品质保障与标准化生产是农业品牌培育的基石，直接关系到农产品的质量和安全性，是农业品牌赢得消费者信任和市场认可的关键。

品质保障是农业品牌的核心竞争力。在农业品牌培育过程中，必须始终将品质保障放在首位，确保农产品的质量和口感达到消费者的期望，要求农业生产者必须遵循严格的质量标准和生产规范，从种子选择、土壤管理、施肥用药、采摘收获等各个环节都进行精细化的管理和控制。此外，还需要建立完善的农产品质量检测体系，对农产品进行定期抽检和全面检测，确保农产品的品质符合市场要求。

标准化生产是农业品牌实现规模化、产业化发展的前提。通过制定和执行统一的生产标准，农业生产者可以实现农产品的标准化生产，提高生产效率和质量稳定性。标准化生产不仅有助于降低生产成本，提升农产品的市场竞争力，还有助于建立农产品的溯源体系，增加产品的透明度和可信度。在农业品牌培育过程中，应积极推动农业标准化生产，加强标准化技术的培训和推广，提高农业生产者的标准化生产意识和能力。

2. 品牌形象与市场营销

品牌形象与市场营销是农业品牌提升影响力的关键，直接关系到农业品牌的市场认知度和消费者忠诚度。

品牌形象是农业品牌与消费者之间的情感纽带，一个成功的农业品牌必须具备独特的品牌形象和鲜明的品牌特色，以便在激烈的市场竞争中脱颖而出。品牌形象的塑造需要从品牌名称、标志设计、包装设计、广告宣传等多个方面入手，注重简洁、易记、有特色。

市场营销是农业品牌扩大市场份额和提升品牌影响力的关键手段。通过制定有效的市场营销策略和推广计划，农业品牌可以吸引更多消费者的关注和购买。市场营销手段包括广告宣传、促销活动、参加展会、线上营销等多种方式。在制定市场营销策略时，应注重目标市场的分析和消费者需求的调研，确保营销策略的针对性和有效性，还需要加强与渠道商、零售商等合作伙伴的合作，建立稳定的销售渠道和营销网络，提高农业品牌的市场覆盖率和销售额。

3. 科技创新与品牌提升

科技创新与品牌提升是农业品牌持续发展的动力，直接关系到农业品牌的创新能力和市场竞争力。

科技创新是农业品牌提升产品质量和附加值的重要手段。通过引进和推广先进的农业技术和设备，农业生产者可以提高农产品的产量和品质，降低生产成本，提升农产品的市场竞争力。科技创新还可以推动农产品的深加工和综合利用，开发出更多高附加值的产品，满足消费者的多样化需求。在农业品牌培育过程中，应积极推动农业科技创新，加强与科研机构、高校等单位的合作，引进和推广先进的农业技术和设备，提升农业生产的科技含量和附加值。

品牌提升是农业品牌实现可持续发展的重要途径，在农业品牌培育过程中，应注重品牌价值的挖掘和提升，通过品牌建设、品牌传播、品牌维护等手段，不断提升农业品牌的知名度和美誉度。此外，还需要注重品牌文化的传承和创新。通过挖掘和弘扬农业品牌的历史渊源和文化特色，增强消费者对农业品牌的情感认同和文化认同。在品牌提升过程中，还应注重品牌形象的塑造和维护，不断提升农业品牌的形象和品质，增强消费者对农业品牌的信任和忠诚度。

第三节 农村三次产业融合发展

一、农村三次产业融合发展概述

(一) 农村三次产业融合发展的概念

农村三次产业融合发展，即农村一产（农业）、二产（农产品加工业）与三产（农业相关服务业）的有机整合与协同发展，是农业现代化进程中的重要战略。该概念强调以农业为基本依托，通过产业联动、产业集聚、技术渗透、体制创新等方式，将资本、技术、资源要素进行跨界集约化配置，实现农业生产、加工、销售、休闲农业及其他服务业的有机整合，推动农业产业链的延伸、产业范围的扩展和农民收入的增加。具体而言，农村三次产业融合发展打破了传统农业、工业、服务业之间的界限，促进了农业内部各子产业间及与第二、三产业间的相互渗透与融合。这种融合不仅体现在产业链的延伸上（如农产品从种植、养殖到加工、流通、销售的完整产业链条的形成），还体现在农业功能的拓展上（如农业与文化、旅游、教育、健康养生等产业的深度融合），形成了休闲农业、乡村旅游、农业科普教育等新业态。

农村三次产业融合发展被视为农业生产力水平发展到高级阶段的产物，是推动农业转型升级、提高农业综合效益和竞争力的重要途径。该过程涉及技术创新、管理创新、组织创新等多个层面，旨在通过优化资源配置、提升产业附加值、增强农业抗风险能力和内生发展动力，实现农业与农村经济的可持续发展。农村三次产业融合发展也是实现城乡一体化发展的重要举措。通过促进农业与第二、三产业的融合，可以推动农村产业结构的优化升级，吸引城市资本、技术、人才等要素向农村流动，缩小城乡差距，促进城乡经济的协调发展。

(二) 农村三次产业融合发展的内涵

1. 农业与第二产业的融合

农业与第二产业的融合主要体现在农产品加工业的发展上。农产品加工业是以农业物料、人工种养或野生动植物资源为原料，进行加工、储藏、运输等中间环节的活动。这种融合不仅延长了农业产业链，还提高了农产品的附加值，为农民提供了更多的收入来源。农业与第二产业的融合使得农产品从生产环节向加工、储藏、运输等中间环节延伸，形成了完整的产业链条。这一过程不仅提高了农产品的附加值，还促进了农业资源的有效利用和农业废弃物的综合利用，减少了环境污染，实现了农业的绿色可持续发展。

农业与第二产业的融合推动了农业加工技术的创新和产业升级。通过引入先进的加工技术和设备，提高农产品的加工精度和品质，满足市场对高品质农产品的需求。加工企业还可以利用农业废弃物进行再加工，开发出新的产品，如生物质能源、有机肥料等，进一步拓展农业产业链。农业与第二产业的融合促进了农业经营主体与加工企业之间的利益联结机制的完善。通过合同订单、股份合作等方式，将农民与加工企业紧密联系在一起，实现了风险的共担和利益的共享，这种利益联结机制不仅保障了农民的稳定收入，还提高了农业产业链的整体竞争力。

2. 农业与第三产业的融合

农业与第三产业的融合主要体现在农村服务业的发展上。农村服务业包括农业生产性服务业、农村生活性服务业和农村生产性服务业等多个方面，这种融合不仅拓展了农业的功能，还推动了农村经济的多元化发展。

（1）农业生产性服务业的发展

农业生产性服务业包括农业技术服务、农资供应、农业信息化服务等。这些服务为农业生产提供了必要的技术支持和信息保障，提高了农业生产的效率和效益。通过引入先进的农业技术和信息化手段，农民可以更加精准地进行农业生产管理，提高农产品的产量和品质。

（2）农村生活性服务业的拓展

农村生活性服务业包括乡村旅游、休闲农业、农村电商等。这些服务为城市居民提供了休闲、旅游、购物等多种选择，同时也为农民提供了更多的就业机会和收入来源。通过发展农村生活性服务业，可以促进农村经济的多元化发展，提高农民的生活水平。

（3）农村生产性服务业的兴起

农村生产性服务业包括农业金融、农业保险、农产品物流等。这些服务为农业生产提供了必要的资金、保险和物流支持，降低了农业生产的风险和成本。通过引入先进的金融、保险和物流服务，可以推动农业生产的规模化和集约化发展，提高农业的综合效益。

二、农村三次产业融合发展的主要模式和驱动因素

（一）农村三次产业融合发展的主要模式

1. 农业产业内部整合型融合

农业产业内部整合型融合是指将农业相关的产业整合在一起，通过优化资源配置、提高产业效率，实现农业内部各子产业间的协同发展。这种模式主要强调农业种植与养殖结构的优化和农业生产经营方式的创新。

（1）种植与养殖结构的优化

农业产业内部整合型融合通过调整和优化种植与养殖结构，实现农业资源的合理配置。例如，在种植业中，推广轮作、间作、套作等高效种植模式，提高土地利用率和产出效益；在养殖业中，推广生态养殖、立体养殖等模式，实现养殖废弃物的资源化利用和环境保护。这种优化不仅提高了农业生产的效率，还促进了农业生态系统的平衡和可持续发展。

（2）农业生产经营方式的创新

农业产业内部整合型融合还强调农业生产经营方式的创新。通过引入现代农业技术和管理模式，推动农业生产的标准化、规模化和集约化发展。例如，推广智能化、精准化的农业生产技术，提高农业生产的精准度和效率；

发展农民专业合作社、家庭农场等新型农业经营主体，实现农业生产的组织化和规模化。这些创新不仅提高了农业生产的效率和质量，还促进了农业经营主体之间的合作与共赢。

（3）农业废弃物的综合利用

农业产业内部整合型融合还应注重农业废弃物的综合利用。通过推广农业废弃物的资源化利用技术，如秸秆还田、畜禽粪便发酵等，实现农业废弃物的无害化处理和资源化利用，不仅减少了环境污染，还促进了农业生态系统的平衡和可持续发展。

2. 农业产业链延伸型融合

农业产业链延伸型融合是指将农业作为基础产业，通过向产业链上下游延伸，实现农业与第二、三产业的深度融合。这种模式主要强调农产品加工业和农村服务业的发展。

（1）农产品加工业的发展

农业产业链延伸型融合通过发展农产品加工业，延长农业产业链，提高农产品的附加值。例如，在种植业中，推广果蔬、粮食等农产品的深加工技术，开发高附加值的产品；在养殖业中，推广畜禽产品的深加工技术，开发肉类、乳制品等多样化产品。这些加工产品不仅提高了农产品的附加值，还满足了市场对多样化、高品质农产品的需求。

（2）农村服务业的发展

农业产业链延伸型融合还强调农村服务业的发展。通过引入现代服务业理念和技术，推动农村服务业的升级和转型。例如，推广农村电商、农村物流等现代服务模式，提高农村市场的流通效率和覆盖面。这些服务业的发展不仅为农民提供了更多的就业机会和收入来源，还促进了农村经济的多元化发展。

（3）农业产业链的整体协调

农业产业链延伸型融合还强调农业产业链的整体协调。通过加强农业产业链各环节的衔接和协作，实现产业链的高效运转和协同发展。例如，建立农产品质量追溯体系，保障农产品的质量安全；推广订单农业模式，实现农产品生产和销售的对接和协调。这些措施不仅提高了农业产业链的整体效益，还促进了农业与第二、三产业的深度融合。

3. 农业与其他产业交叉型融合

农业与其他产业交叉型融合是指将农业与文化、旅游、教育、健康等产业进行交叉融合，从而实现农业功能的拓展和产业链的延伸。这种模式主要强调农业与其他产业之间的资源共享和优势互补。

（1）农业与文化产业的融合

农业与文化产业的融合通过挖掘农业的文化内涵和历史价值，开发具有地方特色的文化旅游产品。例如，利用农业景观、农耕文化等资源，开发乡村旅游、农业观光等文化旅游产品；推广农业科普教育、农耕文化体验等活动，提高公众对农业的认知和兴趣。这些文化旅游产品不仅丰富了旅游市场的内容，还促进了农业文化的传承和弘扬。

（2）农业与旅游产业的融合

农业与旅游产业的融合通过发展乡村旅游、休闲农业等新型旅游业态，吸引城市居民到农村消费和休闲。例如，利用农村的自然风光、田园风光等资源，开发乡村旅游景点和休闲农庄；推广农家乐、民宿等住宿体验活动，提高游客的满意度和忠诚度。

（3）农业与教育、健康等产业的融合

农业与教育、健康等产业的融合通过开发农业健康产品、推广农业健身活动等方式，促进公众健康生活。例如，建立农业科普教育基地和农耕文化展示馆，为公众提供农业知识普及和文化体验服务；推广农业健康食品和农产品深加工产品，满足公众对健康生活的需求。这些融合不仅提高了农业的社会效益和文化价值，还促进了农业与其他产业的协同发展。

（二）农村三次产业融合发展的驱动因素

1. 技术创新驱动农村三次产业融合发展

技术创新是驱动农村三次产业融合发展的核心动力。随着现代信息、生物等高新技术向传统农业领域有机渗透，农业的生产、流通及销售等过程发生了深刻变化，为农村三次产业融合发展提供了技术支撑。信息技术在农业中的广泛应用，如遥感技术、地理信息系统、计算机技术、网络技术等，推动了农业的信息化管理。这些技术不仅提高了农业生产的效率和精准度，还实现了农业生产与市场的有效对接。例如，通过智能感知技术，可以实时监测农田的土壤湿度、养分含量等参数，为精准施肥、灌溉提供依据；通过大数据分析，可以预测农产品的市场需求和价格走势，为农业生产提供科学决策支持。

生物技术的革新，如基因编辑、生物育种等，为农业生产带来了革命性的变化。通过基因编辑技术，可以培育出高产、优质、抗逆的农作物新品种，提高农业生产的效率和效益；通过生物育种技术，可以开发出适应不同环境条件的农作物品种，扩大农业生产的范围和规模。这些生物技术的应用，不仅提高了农产品的产量和品质，还促进了农业与生物产业的深度融合。此外，智能设备的应用，如智能农机、无人机等，推动了农业生产的自动化和智能化，这些智能设备不仅可以替代人工完成繁重的农业生产任务，还可以实现精准作业和高效管理。例如，智能农机可以根据农田的实际情况自动调整作业参数，提高作业效率和精准度；无人机可以进行农田的空中监测和作业，如喷洒农药、施肥等，提高农业生产的效率和安全性。

2. 主体利益驱动农村三次产业融合发展

主体利益是推动农村三次产业融合发展的内在动力。农民、农业企业、有关部门等主体在追求自身利益最大化的过程中，形成了农村三次产业融合发展的内在需求。农民作为农业生产的主体，其利益诉求是推动农村三次产业融合发展的重要动力。通过农村三次产业融合发展，农民可以实现从单一农业生产向多元化经营的转变，提高收入来源和生活水平。例如，农民可以将自家农产品进行加工销售，增加产品附加值；通过参与乡村旅游、休闲农业等新型业态，获取更多收入。这些利益诉求促使农民积极参与农村三次产业融合发展，推动农业与第二、三产业的深度融合。

农业企业作为农村三次产业融合发展的重要参与者，其利益驱动是推动农村三次产业融合发展的关键因素。通过农村三次产业融合发展，农业企业可以延长产业链、提升价值链，实现规模经济和范围经济。例如，农业企业可以向上游延伸，参与农产品原料的生产和供应；向下游拓展，从事农产品的加工、销售和品牌建设。这些举措不仅提高了农业企业的市场竞争力，还促进了农业与第二、三产业的深度融合。

3. 市场需求驱动农村三次产业融合发展

市场需求是推动农村三次产业融合发展的外部动力。随着经济社会发展水平的不断提高和人们消费观念的转变,市场对农产品的需求呈现出多样化、多层次的特点,为农村三次产业融合发展提供了广阔的市场空间。随着生活水平的提高和健康意识的增强,消费者对农产品的品质要求越来越高,不仅关注农产品的营养价值、口感风味等方面,还关注农产品的生产过程、产地环境等因素。这种需求变化促使农业生产者注重提升农产品的品质和安全性,推动农业与第二、三产业的深度融合。例如,通过发展有机农业、绿色农业等新型农业模式,提高农产品的品质和安全性;通过推广农产品追溯体系,保障消费者的知情权和选择权。

随着消费观念的转变和生活方式的多样化,消费者对农产品的需求呈现出多样化的特点,不仅需要传统的农产品如粮食、蔬菜等,还需要各种特色农产品如水果、干果、茶叶等。例如,通过发展特色种植业、养殖业等新型农业模式,满足消费者对农产品多样化的需求;通过推广农产品深加工技术,开发各种高附加值的产品如休闲食品、保健品等。此外,随着生活水平的提高和消费观念的转变,消费者对农产品的服务需求也越来越高,不仅需要购买到优质的农产品,还需要享受到便捷、高效的服务。

第四节 农业科技创新体系与智能技术应用

一、农业科技创新体系的建设

(一)构建多元化创新主体,形成协同创新网络

1. 构建多元化创新主体

多元化创新主体指的是在农业科技创新体系中,由不同类型的组织和个人构成的创新群体。这些主体包括但不限于科研机构、高等院校、农业企业、

农民专业合作社、农业科技园区以及个体创新者等,每个主体在农业科技创新中都扮演着独特的角色,共同推动着农业科技的进步与发展。科研机构和高等院校是农业科技创新的重要源泉,拥有雄厚的科研实力和丰富的人才资源,能够承担高水平的农业科研项目,推动农业科技的原始创新。通过加强科研机构与高等院校的建设,可以提升农业科技创新的基础能力和水平,为农业科技创新体系的建设提供有力支撑。

农业企业是农业科技创新成果转化的重要力量。农业企业直接面向市场,了解农民的需求和期望,能够将科技创新成果快速转化为生产力,进而推动农业产业的升级和转型。因此,在农业科技创新体系的建设中,应充分发挥农业企业的主体作用,鼓励它们加大科技研发投入,推动科技创新与产业升级的深度融合。农民专业合作社和农业科技园区在农业科技创新体系中也发挥着重要的辅助作用,不仅能够聚集农民的力量,推动农业科技的普及和应用,提高农民的科技素养和生产能力;还能够为农业科技创新提供实验场地和示范平台,促进科技创新成果的转化和推广。

2. 构建协同创新网络

协同创新网络是指将不同类型的创新主体通过一定的机制和平台连接起来,形成协同创新的有机整体。在农业科技创新体系中,构建协同创新网络可以促进创新资源的优化配置和共享利用,提高创新效率和质量。产学研合作是构建协同创新网络的重要途径。通过加强科研机构、高等院校与农业企业之间的合作与交流,可以实现知识、技术和人才的共享与流动,推动农业科技创新的深入发展。产学研合作可以采取联合研发、共建实验室、人才培养等多种形式,促进创新资源的优化配置和高效利用。

建立创新平台和载体是构建协同创新网络的另一重要手段。这些平台和载体可以为不同类型的创新主体提供交流、合作和共享的场所和机会,促进创新资源的集聚和整合。例如,可以建立农业科技创新中心、农业科技园区等平台和载体,为农业科技创新提供有力的支撑和服务。完善协同创新机制是构建协同创新网络的重要保障,包括建立健全科技创新项目申报、评审、立项、实施和验收等环节的管理制度,以及加强知识产权保护、科技成果转化等方面的机制法规建设。通过完善协同创新机制,可以激发各类创新主体的积极性和创造性,推动农业科技创新体系的持续发展和完善。

(二)加强科研平台建设,提升创新能力

1. 加强科研平台建设

科研平台作为农业科技创新的基石,其建设水平直接关系到农业科技研究的深度与广度。加强科研平台建设,旨在通过优化资源配置、完善设施条件、集聚高端人才,为农业科技创新提供坚实支撑。科研平台的布局应紧密围绕国家农业发展战略和区域农业特色,形成层次分明、功能互补的科研平台体系。一方面,要加大对国家农业重点实验室、工程技术研究中心等高端科研平台的支持力度,推动其在农业基础理论研究、关键核心技术攻关等方面发挥引领作用;另一方面,要鼓励地方根据自身农业资源优势,建设特色鲜明的农业科研平台,促进农业科技创新与地方经济发展的深度融合。

科研平台的设施条件是其创新能力的物质基础。应加大对科研平台基础设施的投入,更新升级实验设备,引进国际先进的科研仪器,为科研人员提供一流的研究条件。鼓励科研平台与国内外高水平科研机构开展合作,共同承担重大科研项目,通过协同创新提升科研平台的整体创新能力。人才是科技创新的第一资源。科研平台建设应注重高端人才的引进与培养,通过设立科研基金、提供优厚待遇、搭建发展平台等措施,吸引国内外农业科技领域的顶尖人才加盟。要加强科研团队的建设与管理,形成老中青结合、学科交叉、优势互补的创新团队,为农业科技创新提供持续的人才保障。

2. 提升创新能力

创新能力是农业科技创新体系的核心要素,直接关系到农业科技成果的产出质量与转化效率。科研体制改革是提升创新能力的前提,应加快构建以市场需求为导向、以绩效评价为核心的科研管理机制,赋予科研机构和科研人员更大的自主权与灵活性。不仅要通过优化项目申报、评审、验收等流程,减少行政干预,提高科研效率;还要建立健全科研成果转化激励机制,鼓励科研人员将科技成果转化为现实生产力,实现科研与产业的良性互动。

产学研合作是提升创新能力的重要途径。应鼓励科研机构、高等院校与农业企业建立紧密的合作关系,共同开展农业科技创新项目,推动科技成果的转化与应用。通过建立产学研合作联盟、共建研发中心等方式,促进知识、技术、人才等创新要素的共享与流动,加速科技成果向现实生产力转化。创新文化是提升创新能力的软实力,应大力弘扬科学精神、创新精神,鼓励科研人员勇于探索、敢于创新。通过举办学术交流、科技竞赛、创新成果展示等活动,激发科研人员的创新热情与创造力。要加强科研诚信建设,营造风清气正的科研环境,为农业科技创新提供坚实的道德支撑。

二、智能技术在农业中的应用

(一)物联网技术在农业监测与管理中的应用

1. 物联网技术在农业监测中的应用

物联网技术通过传感器、无线通信和云计算等手段,实现了对农业生产全过程的实时监测与数据收集。在农田管理方面,物联网技术能够实时监测土壤湿度、温度、光照等环境参数,为农民提供精确的数据支持。例如,土壤湿度传感器可以准确监控土壤的湿度状况,结合天气预报数据,自动控制灌溉系统开关和灌溉量,达到节水增效的效果。这种精准灌溉不仅节省了水资源,还保证了农作物的水分供应,提高了农作物的产量和品质。此外,通过安装在田间的摄像头和图像分析技术,物联网系统可以实时监控农作物的生长状态,一旦发现病虫害迹象,系统便会向农民发送预警,帮助农民及时处理,防止病虫害的蔓延。

在养殖业中,物联网技术同样发挥了重要作用。通过在牲畜身上安装传感器,可以实时监测动物的体温、心率和饮食情况,这些数据可以通过物联网系统传送到智能设备,农民可以远程获得养殖场的实时数据和动物的健康状况,及时采取措施预防疾病和提高养殖效率。例如,加拿大的一个牧场利用物联网技术提高了牧场的管理效率,每头牛的牛奶产量增加了10%。

2. 物联网技术在农业管理中的应用

物联网技术不仅提升了农业监测的精准度，还为农业管理带来了革命性的变化。在农产品供应链管理方面，物联网技术通过传感器监测农产品的运输和储存情况，确保农产品的质量和安全。例如，在农产品运输过程中，传感器可以监测温度和湿度等数据，并通过物联网系统将数据传送给农民，帮助农民进行库存管理和销售预测，提高农产品的市场竞争力。

在农业资源管理方面，物联网技术通过对农田、农作物和动物的实时监测和管理，实现了对农业资源的最大化利用。例如，通过卫星遥感、无人机等技术获取农田信息，实现精准播种、施肥、灌溉和收割，减少了资源的浪费和环境的污染。智能温室通过智能控制系统自动调节温室内的温度、湿度、光照等环境参数，提高了农作物产量和质量。智能农机使用自动驾驶、精准导航等技术实现农机的自动化和智能化操作，显著提高了生产效率。

物联网技术还在推动农业现代化的进程中发挥了重要作用。通过物联网技术，传统农业逐渐转向以信息和软件为中心的生产模式。自动化、智能化、远程控制的生产设备的大量使用，提高了农业资源利用率和劳动生产率。农业物联网作为现代农业的重要支撑技术之一，正在逐步改变着传统农业的生产方式和管理模式，为现代农业的转型升级注入了新的动力。

（二）大数据分析在农业决策支持中的作用

1. 大数据分析在农业决策支持中的核心作用

大数据分析在农业决策支持中起到了至关重要的作用。通过收集和处理农业生产过程中的大量数据，大数据分析能够为农民和农业管理者提供科学、精准的决策支持。大数据分析能够处理和分析气象、土壤、农作物生长等多方面的数据，为农民提供实时的农业环境信息。例如，通过分析历史气象数据和农作物生长模型，农民可以预测未来的产量和病虫害风险，从而制订更加合理的种植计划和农事管理策略。此外，大数据分析还可以帮助农民优化灌溉和施肥方案，提高水资源和肥料的利用效率，降低生产成本。

大数据分析在农业决策支持中的作用还体现在对市场需求的精准预测上。

通过对农产品市场数据的分析，农民可以了解市场需求的变化趋势和消费者的偏好，从而制定更加合理的生产计划和销售策略。例如，通过分析农产品的价格数据和消费者购买行为，农民可以预测未来的市场需求，调整种植结构，提高农产品的市场竞争力。

2. 大数据分析推动农业决策的科学化和智能化

大数据分析在农业决策支持中的应用，不仅提高了农业决策的精准度和效率，还推动了决策的科学化和智能化。传统的农业决策往往依赖于经验和直觉，而大数据分析则通过科学的数据分析方法和模型，为农民提供了更加客观、准确的决策依据。例如，通过机器学习算法对农作物生长数据和病虫害数据进行建模和预测，农民可以更加准确地判断农作物的生长状态和病虫害风险，从而制定更加科学的管理措施。大数据分析在农业决策支持中的作用还体现在对农业资源的优化配置上。通过对农田、农作物、水资源等农业资源的全面监测和分析，大数据分析能够帮助农民和农业管理者实现资源的优化配置和高效利用。例如，通过分析农田的土壤质量和农作物生长数据，农民可以制定更加合理的种植布局和轮作制度，提高土地的利用效率和农作物的产量、品质。

（三）人工智能技术在农业生产中的创新实践

1. 人工智能技术在精准农业中的应用

人工智能技术在精准农业中的应用，显著提高了农业生产的效率和可持续性。通过集成传感器、无人机、卫星图像等多种数据源，人工智能技术能够实现对农田环境、农作物生长状况、病虫害发生趋势等关键指标的实时监测和数据分析。例如，利用 AI 图像识别技术，可以自动识别农作物病虫害，提供精准的防治建议，减少农药使用，提高农作物产量和质量。通过深度学习算法，可以预测农作物产量，为农业生产提供科学依据，帮助农民制定更加合理的种植计划和管理策略。此外，人工智能技术在智能灌溉、精准施肥等方面也发挥了重要作用。通过实时监测土壤湿度、养分含量等参数，自动调整灌溉量和施肥方案，实现水肥一体化管理，提高资源利用效率。

2. 人工智能技术在农业机器人与自动化装备中的应用

人工智能技术在农业机器人与自动化装备中的应用，进一步推动了农业生产的自动化和智能化。农业机器人能够自主完成播种、施肥、除草、收割等多种农业作业，不仅降低了农民的劳动强度，还提高了作业精度和效率。例如，自动化播种机器人通过高精度播种控制算法，可以实现对不同农作物和播种条件的自适应调整，提高播种效率和质量。植保无人机利用机器视觉和智能导航技术，能够实现对农田的高效植保作业，不仅减少农药使用，还能提高农作物品质。采摘机器人则通过机器视觉和机械臂技术，实现自动化采摘，降低人工成本。此外，人工智能技术在农业机械的自动驾驶和导航方面也取得了显著进展，通过集成 GPS 导航和 AI 算法，农业机械能够实现自主路径规划和精准作业，提高作业效率和安全性。

（四）遥感技术与无人机在农业资源调查中的应用

1. 遥感技术在农业资源调查中的广泛应用

遥感技术作为一种远距离感知技术，通过卫星、飞机等平台搭载传感器的运用，实现对地表信息的非接触式获取。在农业资源调查中，遥感技术凭借其大范围、高效率、高精度等优势，成为不可或缺的工具。遥感技术能够实现对农田土地利用、农作物种植结构、土壤湿度、植被覆盖度等信息的实时监测与分析。通过高分辨率的卫星影像，农业管理部门可以清晰地识别出农田的分布、面积、农作物种类及其生长状况，为农业规划和机制制定提供科学依据。例如，在农作物种植结构调查中，遥感技术可以通过分析不同农作物在光谱特性上的差异，准确区分出各种农作物的种植区域和面积，为农业结构调整和优化提供数据支持。

遥感技术还能用于农业资源的动态监测和评估。通过时间序列的卫星影像，农业管理部门可以监测和识别农田资源的变化趋势，如土壤侵蚀、盐碱化、荒漠化等问题，及时发现并采取措施进行治理。此外，遥感技术还能对农业生态环境进行监测，如水体污染、空气质量等，为农业环境保护和可持续发展提供决策支持。

2. 无人机在农业资源调查中的创新实践

无人机作为一种新兴的低空遥感平台，以其灵活、高效、成本低廉等优势，在农业资源调查中展现出了广阔的应用前景。无人机能够搭载高分辨率的摄像头和多光谱传感器，实现对农田的精准监测。通过无人机拍摄的高清影像，农业管理人员可以清晰地看到农田的细节信息，如农作物长势、病虫害情况、土壤湿度等，为农田管理提供直观的数据支持。无人机还能实现农业资源的快速调查和评估。相比传统的地面调查方式，无人机具有速度快、覆盖范围广的特点，可以在短时间内完成大面积农田的调查任务。例如，在土地资源调查中，无人机可以快速获取农田的边界、面积、土壤类型等信息，为土地利用规划和农田整治提供数据支持。

此外，无人机在农业资源调查中的应用还体现在精准农业的实践上。通过无人机搭载的多光谱传感器，可以获取农作物的生长信息，如叶绿素含量、水分需求等，为精准施肥、灌溉等农事操作提供科学依据。无人机还能用于农业病虫害的监测和预警。通过实时监测农作物叶片的光谱特性变化，及时发现病虫害的迹象，为农业病虫害的防治提供有力支持。

第三章　农村产业升级的科技驱动

第一节　智能农业与信息技术融合

一、智能农业概述

(一) 智能农业的定义与特点

1. 智能农业的定义

智能农业，又称工厂化农业或智慧农业，是指利用物联网、大数据、云计算、人工智能等现代信息技术，对农业生产过程进行全面感知、智能分析、精准管理和科学决策的一种新型农业生产模式。它集成了现代生物技术、农业工程、农用新材料等多学科，通过先进的设施与陆地相配套，实现集约、高效、可持续发展的现代超前农业生产方式。智能农业不仅集科研、生产、加工、销售于一体，还通过实时采集和分析农业生产环境中的温度、湿度、光照、土壤状况等参数，自动开启或关闭指定设备，对农业生产过程进行精细化管理，从而达到提高农业生产效率、降低生产成本、提升农产品质量与安全的目的。

2. 智能农业的特点

（1）高度自动化与智能化

智能农业通过物联网技术，将传感器、摄像头等设备部署在农业生产现场，实时监测农田环境、农作物生长状况等关键数据，并通过云计算和人工智能算法对这些数据进行处理和分析，从而实现农业生产过程的自动化控制和智能化决策。例如，智能灌溉系统可以根据农作物需水量和土壤湿度自动调整灌溉量，智能温室可以根据农作物生长需求自动调节温室内的环境参数，这些自动化和智能化手段大大提高了农业生产的效率和精度。

（2）数据驱动与精准管理

智能农业强调数据在农业生产管理中的重要作用。通过大数据分析和人工智能算法，智能农业可以对农业生产过程中的海量数据进行深度挖掘和分析，为农业生产提供精准的决策支持；还可以实现农业资源的精准配置和高效利用，如精准施肥、精准用药等，减少资源浪费和环境污染。

（3）可持续发展与生态环保

智能农业在提高农业生产效率也注重农业生产的可持续发展和生态环保。通过优化资源配置、减少污染排放等手段，智能农业可以实现农业生产的绿色转型。例如，智能农业可以通过精准施肥和灌溉减少化肥和农药的使用量，降低对土壤和水资源的污染；智能农业还可以利用物联网技术监测农田环境状况，及时发现并处理土壤侵蚀、盐碱化等生态问题，保护农业生态环境。

（二）智能农业的关键技术

1. 物联网技术

物联网技术（Internet of Things，IoT）是智能农业的基础。通过传感器、无线通信、云计算等技术手段，实现了农业生产环境的全面感知与智能控制。在智能农业中，物联网技术被广泛应用于农田环境监测、农作物生长管理、智能灌溉、病虫害预警等多个环节。例如，通过在农田中部署温湿度、光照、土壤水分等传感器，物联网系统能够实时收集并分析这些数据，为农民提供精准的种植建议。结合 GPS 定位和远程通信技术，物联网技术还能实现对农机设备的远程监控与智能调度，提高农业生产的自动化与智能化水平。物联网技术的应用，不仅提高了农业资源的利用效率，还显著降低了农业生产的人力成本，为精准农业的实施提供了有力支持。

2. 大数据分析与人工智能

大数据分析与人工智能技术是智能农业实现智能化决策的关键。大数据技术通过对农业生产过程中产生的海量数据进行收集、存储、处理与分析，能够揭示农业生产与环境因素之间的复杂关系，为农民提供精准的种植指导与市场预测。例如，通过分析历史气象数据、土壤数据、农作物生长数据等，大数据系统能够预测未来一段时间内的农作物生长状况与产量趋势，为农民制定合理的种植计划提供科学依据。此外，人工智能技术通过机器学习、深度学习等算法，能够对农业生产数据进行深度挖掘与智能分析，实现农作物病虫害的智能识别与预警、智能施肥与灌溉等高级功能。人工智能技术的应用，使得农业生产过程更加智能化、精细化，有效提高了农业生产效率与农产品质量。

3. 智能农机装备

智能农机装备是智能农业的重要组成部分。通过集成传感器、导航定位、自动驾驶、精准作业等技术，实现了农业生产的自动化与智能化。智能农机装备的应用，不仅提高了农业生产效率，还减轻了农民的劳动强度。例如，智能拖拉机、智能收割机等智能农机装备，通过 GPS 导航与自动驾驶技术，能够实现精准作业与路径规划，避免了传统农机作业中的重复与遗漏问题。智能农机装备还能根据土壤养分状况与农作物生长需求，实现精准施肥与灌溉，提高了农业资源的利用效率。此外，随着物联网、大数据、人工智能等技术的不断发展，智能农机装备的功能将更加丰富与强大，如智能无人机在农田巡查、病虫害监测、农作物生长评估等方面的应用，将进一步推动智能农业的发展。

二、信息技术在农村农业中的应用

（一）信息技术在农业生产中的应用

1. 精准农业实践

精准农业是信息技术在农业生产中应用的典范，利用遥感技术（RS）、地理信息系统（GIS）、全球定位系统（GPS）等信息技术手段，结合大数据分析，实现对农田环境的精准监测与农作物生长的精细管理。通过部署在农田中的各类传感器，精准农业能够实时收集土壤湿度、温度、光照强度、养分含量等关键参数，为农民提供科学的种植建议。例如，基于土壤湿度传感器的数据，智能灌溉系统能够自动调整灌溉量，避免水资源浪费；而通过分析农作物生长模型与气象数据，农民可以精准预测农作物产量，合理安排收获与销售计划。精准农业实践不仅提高了农业生产效率，还显著降低了生产成本，促进了资源的优化配置与可持续利用。

2. 智能化农机装备与自动化生产

智能化农机装备与自动化生产是信息技术在农业生产中的另一重要应用。随着物联网、人工智能、自动驾驶等技术的快速发展，传统农机装备正逐步向智能化、自动化方向转型。智能化农机装备，如无人驾驶拖拉机、智能收割机、精准施肥机等，通过集成传感器、控制器、执行器等组件，实现了对农业生产过程的精准控制与高效作业。这些装备能够根据预设的作业参数，自主完成耕地、播种、施肥、灌溉、收割等任务，显著提高了农业生产效率，减轻了农民的劳动强度。通过物联网技术的应用，这些装备还能够实现远程监控与故障诊断，进一步提升了农业生产的智能化水平。智能化农机装备与自动化生产的应用，标志着农业生产方式由传统的人力密集型向技术密集型转变，为现代农业的发展注入了新的活力。

3. 农业病虫害监测与预警系统

农业病虫害是影响农作物产量与品质的重要因素之一。传统病虫害监测与防治方法往往存在效率低、效果差等问题，而信息技术在农业病虫害监测与预警系统中的应用，为这一问题的解决提供了新途径。通过部署在农田中的摄像头、红外传感器等设备，农业病虫害监测与预警系统能够实时监测农作物生长状况，及时发现病虫害迹象。结合大数据分析与人工智能算法，系统能够对病虫害进行智能识别与预警，为农民提供科学的防治建议。例如，基于图像识别技术的病虫害监测系统，能够自动识别农作物叶片上的病斑、虫卵等特征，准确判断病虫害种类与危害程度；而基于机器学习算法的预警系统，则能够根据历史病虫害数据与气象数据，预测未来病虫害发生趋势，为农民提前采取防治措施提供依据。农业病虫害监测与预警系统的应用，有效降低了病虫害对农作物生长的影响，保障了农作物的健康生长与高产优质。

（二）信息技术在农业管理中的应用

1. 构建农业信息化平台

构建农业信息化平台是信息技术在农业管理中应用的基础。这些平台通过整合农业数据、信息、决策、管理等多方面的资源，实现农业生产、管理和决策的智能化、数字化。例如，通过建立农业数据库和信息管理系统，农业信息化平台能够实时收集、处理和分析各类农业数据，包括气象数据、土壤数据、农作物生长数据、市场行情等，为农业管理者提供全面的信息支持。农业信息化平台还支持远程监控、智能预警、在线培训等功能，使得农业管理更加高效、便捷。这些平台的建设不仅提升了农业管理的科学化、精细化水平，还促进了农业信息的共享与交流，为农业管理机制的制订与调整提供了科学依据。

2. 智能决策支持系统的应用

智能决策支持系统是信息技术在农业管理中的应用亮点。这些系统通过集成大数据分析、人工智能、机器学习等先进技术，能够对农业管理过程中的复杂问题进行智能分析与提供决策支持。例如，在农作物种植管理方面，智能决策支持系统能够根据历史气象数据、土壤数据、农作物生长模型等信息，预测未来农作物生长状况与产量趋势，为农民提供科学的种植建议。在农业资源管理方面，智能决策支持系统能够根据农田环境数据、农作物需求数据等信息，优化灌溉、施肥、用药等农业资源的配置方案，降低生产成本，提高资源利用效率。此外，智能决策支持系统还能在农业灾害预警、农产品市场预测等方面发挥重要作用，为农业管理者提供及时、准确的决策支持。这些系统的应用，不仅提升了农业管理决策的科学性、准确性，还促进了农业生产的可持续发展。

3. 精准农业管理与资源优化配置

精准农业管理能根据农作物生长需求与市场需求,优化种植结构与生产计划,进而提高农产品质量与市场竞争力。在资源优化配置方面,信息技术通过数据分析与模型预测等手段,能够实现农业资源的精准配置与高效利用。例如,在水资源管理方面,通过智能灌溉系统与水资源管理信息系统的集成应用,可以实现灌溉用水的精准计量与合理分配,提高水资源利用效率。在农业机械化管理方面,通过智能农机装备与农业物联网技术的结合应用,可以实现农机作业的精准控制与高效调度,降低生产成本,提高农业生产效率。

三、智能农业与信息技术的融合路径

(一)技术融合与创新

1. 农业物联网的构建与集成

农业物联网的构建与集成是智能农业与信息技术融合的基础。在农业物联网的构建过程中,各类传感器被部署在农田、温室、养殖场等农业生产环境中,实时监测土壤湿度、温度、光照强度、农作物生长状况、动物健康状况等关键参数。这些数据通过无线通信网络传输至云端数据中心,进行存储、处理与分析。农业物联网还支持远程监控、智能预警、自动化控制等功能,使得农业生产过程更加智能化、高效化。随着物联网技术的不断成熟与普及,农业物联网的构建与集成将成为智能农业发展的基础设施,为智能农业与信息技术的深度融合提供有力支撑。

2. 农业智能装备的研发与推广

农业智能装备的研发与推广是智能农业与信息技术融合的关键。智能农业装备集成了传感器、控制器、执行器等多种信息技术组件,实现了农业生产过程的自动化、智能化。例如,智能农机装备通过集成 GPS 导航、自动驾驶、精准作业等技术,能够自主完成耕地、播种、施肥、灌溉、收割等农业作业任务,显著提高了农业生产效率。智能温室装备通过集成环境控制、智能灌溉、病虫害预警等技术,能够实现农作物生长环境的精准调控与农作物生长状况的智能管理。此外，农业无人机、农业机器人等新型智能装备也在农业生产中得到了广泛应用，为智能农业的发展提供了有力支撑。

（二）产业融合与升级

1. 农业产业链的整合与优化

智能农业与信息技术的融合，促进了农业产业链的整合与优化。传统农业产业链往往存在环节分散、信息不对称等问题，导致资源配置效率低下、市场响应速度慢，而智能农业通过信息技术手段，实现了农业产业链各环节的紧密连接与高效协同。例如，通过物联网技术，农业生产者可以实时监测农作物生长状况、土壤环境参数等关键信息，为精准农业提供数据支持；通过大数据分析，农产品加工企业可以根据市场需求与消费者偏好，优化产品结构与生产计划；通过电子商务平台，农产品销售企业可以实现农产品的在线展示、交易与配送，拓宽销售渠道，提高市场竞争力。智能农业与信息技术的融合，不仅提高了农业产业链各环节的运行效率，还促进了农业产业链的整合与优化，推动了农业产业融合与升级。

2. 农业智能化服务的创新与应用

智能农业与信息技术的融合推动了农业智能化服务的创新与应用，提升了农业产业的附加值。随着信息技术的发展，农业智能化服务逐渐涵盖了农业生产、管理、营销等多个环节。例如，在农业生产环节，智能农业装备与智能农业系统通过集成传感器、控制器、执行器等组件，实现了农业生产的自动化、智能化，提高了农业生产效率与资源利用效率；在农业管理环节，智能农业平台通过整合农业生产数据、市场信息、机制法规等资源，为农业管理者提供了全面的决策支持；在农业营销环节，智能农业电商平台通过在线展示、交易、配送等服务，拓宽了农产品销售渠道，提高了农产品附加值。

3. 农业产业生态的构建与拓展

智能农业的发展不仅带动了农业装备、信息技术、电子商务等相关产业的发展，还促进了农业与旅游、教育、文化等产业的融合。例如，通过智能农业与旅游业的结合，可以发展休闲农业、乡村旅游等新型农业业态，吸引城市居民体验农耕文化、享受田园生活；通过智能农业与教育产业的结合，可以开展农业科普教育、农业技能培训等活动，提高公众对农业的认知与兴趣；通过智能农业与文化产业的结合，可以挖掘农业文化资源、开发农业文化创意产品，推动农业文化的传承与创新。智能农业与信息技术的融合，促进了农业产业生态的构建与拓展，推动了农业产业的协同发展，为农业可持续发展注入了新的动力。

第二节　生物技术推广与节能环保应用

一、农村生物技术推广的具体实践

（一）转基因农作物技术的推广与应用

1. 转基因农作物技术的推广背景与意义

转基因农作物技术的推广背景源于全球粮食安全、环境保护和资源高效利用等紧迫需求。随着全球人口的增长和气候变化的挑战，传统农业面临巨大的压力。转基因农作物技术作为一种创新的育种手段，能够显著提高农作物的产量和抗逆性，减少农药和化肥的使用量，从而有助于缓解粮食安全问题，保护生态环境，实现农业可持续发展。从科学角度来看，转基因农作物技术具有精确、高效、可控等优势。通过精确的基因操作，科学家可以将特定的优良性状基因导入农作物中，提升农作物属性，如抗虫、抗病、耐除草剂、提高营养价值等。这些转基因农作物在田间表现优异，不仅能够提高农作物的产量和品质，还能减少农药和化肥的使用，降低农业生产成本，从而提高农民收入。

2. 转基因农作物技术具体实践案例与成效

（1）案例一：抗虫转基因农作物的推广与应用

抗虫转基因农作物是转基因农作物技术的重要应用之一。以抗虫转基因玉米为例，科学家将苏云金芽孢杆菌中的抗虫基因导入玉米中，使其具有抗虫性。这种转基因玉米在田间种植后，能够有效抵御玉米螟等害虫的侵害，显著减少农药的使用量。研究数据显示，抗虫转基因玉米的农药使用量相比传统玉米可减少达 80% 以上，同时农作物的产量和品质均得到显著提升。这一技术的推广与应用，不仅有助于保护生态环境，还提高了农民的经济效益。

（2）案例二：耐除草剂转基因农作物的推广与应用

耐除草剂转基因农作物是另一个重要的应用领域。通过基因工程手段，将耐除草剂基因导入农作物中，使其能够在喷洒除草剂的情况下正常生长。以耐除草剂转基因大豆为例，这种转基因大豆在田间种植后，可以使用广谱除草剂进行除草作业，而无须担心对农作物造成伤害。这不仅简化了田间管理程序，降低了劳动力成本，还提高了农作物的产量和品质。研究数据显示，耐除草剂转基因大豆的产量相比传统大豆可提高 10% 以上，同时农药的使用量也显著减少。这一技术的推广与应用，对于提高农业生产效率、保护生态环境具有重要意义。

（二）杂交育种技术的推广与应用

1. 杂交育种技术的推广背景与意义

杂交育种技术作为农业生物技术的重要组成部分，其推广与应用具有深远的意义。随着全球人口的增长和资源的日益紧张，提高农作物产量、改善农作物品质、增强抗逆性成为现代农业发展的重要目标。杂交育种技术通过不同品种或物种间的基因交流，创造出新的遗传组合，进而选育出具有优良性状的新品种。这一过程不仅丰富了农作物的遗传多样性，还为提高农业生产效率、保障粮食安全提供了有力支持。从科学角度来看，杂交育种技术具有操作简便、效果显著、适应性强等特点。通过人工控制下的杂交过程，科学家可以定向选择具有优良性状的亲本进行杂交，从而在后代中筛选出具有目标性状的新品种。这些新品种在田间种植中往往表现出更高的产量、更好的品质、更强的抗逆性，对于提高农业生产效率、保障粮食安全具有重要意义。

2. 杂交育种技术的具体实践案例与成效

（1）案例一：杂交水稻的推广与应用

杂交水稻是杂交育种技术推广的典范。自 20 世纪 70 年代袁隆平院士成功培育出世界上第一个实用高产杂交水稻品种以来，杂交水稻技术迅速在全球范围内推广。杂交水稻通过利用杂种优势，实现了产量的显著提升和品质的改善。研究数据显示，杂交水稻的平均产量相比传统水稻可提高20%，在特定条件下甚至更高。这一技术的推广与应用，极大地缓解了全球粮食短缺问题，为保障粮食安全作出了巨大贡献。

（2）案例二：杂交玉米的推广与应用

杂交玉米是另一个重要的杂交育种技术应用案例。通过选择具有优良性状的亲本进行杂交，科学家培育出了一系列高产、优质、抗逆性强的杂交玉米品种。这些新品种在田间种植中表现出更高的产量、更好的品质、更强的抗逆性，对于提高农业生产效率、增加农民收入具有重要意义。研究数据显示，杂交玉米的平均产量相比传统玉米可提高15%，在特定条件下甚至更高。此外，杂交玉米还具有良好的适应性，能够在不同生态环境中稳定生长，为玉米产业的可持续发展提供了有力支持。

（三）生物农药与生物肥料的推广与应用

1. 生物农药与生物肥料的推广背景与意义

随着全球对食品安全和环境保护意识的增强，生物农药与生物肥料的推广与应用显得尤为重要。化学农药和化肥的长期使用不仅会导致土壤污染、水源污染等环境问题，还可能引发有害物质残留问题，威胁人类健康。相比之下，生物农药与生物肥料利用生物体或其代谢产物来防治病虫害和提供养分，具有环保、安全、高效等优点。因此，推广生物农药与生物肥料对于减少化学农药和化肥的使用、保护生态环境、提升农产品品质和安全性具有重要意义。从科学角度来看，生物农药与生物肥料的推广与应用有助于推动农业绿色转型。生物农药利用微生物、植物源物质等天然成分，通过干扰害虫的生长发育、破坏其生理机能等方式达到防治病虫害的目的，具有选择性高、对环境污染小、不易产生抗药性等优点。生物肥料则利用微生物的固氮、解磷、解钾等功能，为农作物提供养分，同时改善土壤结构，提高土壤肥力，促进农业可持续发展。

2. 生物农药与生物肥料的具体实践案例与成效

（1）案例一：生物农药在果蔬种植中的应用

在果蔬种植中，生物农药的应用实践丰富多彩。以微生物农药为例，利用细菌、真菌等微生物及其代谢产物，可以有效防治果蔬的多种病害。例如，白僵菌等细菌农药能够显著降低病原菌的侵染率，保护农作物免受病害侵袭。植物提取物农药也是一大亮点，如辣椒素、杀菌素等植物提取物，对蔬菜害虫具有显著的防控效果，且对环境友好，不会造成农产品残留问题。这些生物农药的应用不仅减少了化学农药的使用量，还提升了果蔬的品质和安全性，满足了消费者对绿色食品的需求。

（2）案例二：生物肥料在粮食农作物种植中的应用

在粮食农作物种植中，生物肥料的推广与应用同样取得了显著成效。以微生物肥料为例，通过施用根瘤菌肥、固氮菌肥等微生物肥料，可以有效提高土壤的氮素含量，减少化学氮肥的使用量，降低农业生产成本。此外，微生物肥料还能改善土壤结构，提高土壤肥力，促进农作物生长。研究数据显示，在玉米、小麦等粮食农作物种植中，施用微生物肥料可以提高农作物产量5%~10%，同时改善农作物的品质和提高营养价值。这些成效不仅体现了生物肥料在农业生产中的重要作用，也为生物肥料的推广与应用提供了有力支持。

二、节能环保技术在农村生物技术推广中的应用

（一）清洁能源在农村生物技术推广中的使用

1. 太阳能技术在农村生物技术推广中的应用

太阳能技术，以其清洁、可再生、分布广泛的特点，在农村生物技术推广中发挥着重要作用。太阳能光伏技术为农村地区提供了可靠的电力供应。通过在农村安装太阳能光伏板，可以将太阳能转化为电能，满足农村地区家庭照明、农业生产用电等需求。这种应用不仅减少了对化石能源的依赖，降低了碳排放，还提高了农村地区的能源自给率，增强了农村生物技术推广的

可持续性。太阳能技术在农村生物技术推广中的应用还体现在农业灌溉、温室种植等方面，太阳能灌溉系统利用太阳能板收集的能量驱动水泵，实现自动灌溉，既节约了水资源，又降低了能源消耗；太阳能温室则利用太阳能板收集的能量为温室提供热源，促进植物生长，提高农作物产量和品质。这些应用不仅提高了农业生产的效率，还减少了环境污染，推动了绿色农业的发展。

2. 风能技术在农村生物技术推广中的应用

风能作为另一种重要的清洁能源，在农村生物技术推广中同样具有广阔的应用前景。风能技术通过风力发电机将风能转化为电能，为农村地区提供了清洁、可再生的能源。与太阳能相比，风能具有不受天气条件限制、发电量大等优势，尤其适合风能资源丰富的农村地区。在农村生物技术推广中，风能技术的应用主要体现在以下几个方面：一是为农村地区提供电力供应，满足家庭照明、农业生产用电等需求；二是与太阳能等可再生能源形成互补，提高农村地区的能源供应稳定性和可靠性；三是推动农村能源结构的优化升级，促进农业绿色转型。通过在农村地区建设风电项目，不仅可以减少化石能源的消耗和碳排放，还可以带动农村经济发展，增加农民收入。

（二）农业节水技术的推广与应用

1. 农业节水技术的分类与特点

农业节水技术涵盖了灌溉技术、农艺节水技术、生物节水技术等多个方面，旨在通过提高水资源利用效率，减少农业用水浪费，实现水资源的可持续利用。

灌溉技术包括滴灌、喷灌、微灌等高效节水灌溉方式。这些技术通过精确控制灌溉水量和灌溉时间，将水分直接输送到农作物根部，减少水分蒸发和地表径流损失，显著提高了灌溉水的利用效率。此外，智能灌溉系统的应用，如基于物联网技术的灌溉控制系统，能够根据土壤湿度、农作物需水规律等实时数据，自动调整灌溉策略，进一步提升了节水效果。

农艺节水技术包括地膜覆盖、秸秆覆盖等地面覆盖技术，以及耕作保墒技术、水肥一体化技术等。这些技术通过改善土壤水分状况，提高土壤保水能力，减少无效蒸发，从而达到节水的目的。水肥一体化技术通过精确控制水肥供应，实现了水肥同步，既提高了农作物对水分和养分的吸收利用效率，又减少了过量施肥和灌溉带来的环境污染。

生物节水技术则利用基因工程、生物调控等手段，培育耐旱、高效利用水分的农作物品种，以及通过调整农作物种植结构和布局，优化农作物生长环境，提高农作物自身的水分利用效率。这些技术从农作物生物学特性出发，从根本上解决了农作物需水与水资源短缺之间的矛盾。

2. 农业节水技术的具体实践案例与成效

（1）滴灌技术在设施农业中的应用

在设施农业中，滴灌技术因其节水、节肥、增产效果显著而得到广泛应用。通过滴灌系统，水分和养分可以精确控制并直接输送到农作物根部，减少了水分蒸发和养分流失，提高了农作物的生长速度和产量。滴灌技术还减少了农药和化肥的使用量，降低了农业生产成本，提高了农产品的品质和市场竞争力。

（2）智能灌溉系统在大田农作物中的应用

随着物联网技术的不断发展，智能灌溉系统在大田农作物中的应用日益广泛。通过安装土壤湿度传感器、气象监测站等设备，智能灌溉系统能够实时监测农作物生长环境的水分状况，并根据农作物需水规律和气象条件自动调整灌溉策略。这种智能化的灌溉方式不仅提高了灌溉水的利用效率，还减少了人工操作成本，提高了农业生产的智能化水平。

（3）生物节水技术在干旱地区的应用

在干旱地区，生物节水技术的应用显得尤为重要。通过培育耐旱农作物品种，调整农作物种植结构和布局，优化农作物生长环境，可以显著提高农作物自身的水分利用效率，减少农业用水需求。生物节水技术还能够增强农作物的抗逆性，提高农作物的产量和品质，为干旱地区的农业发展提供了新的思路和技术支持。

（三）农业废弃物资源化利用技术

1. 农业废弃物资源化利用技术的分类与特点

农业废弃物资源化利用技术涵盖了肥料化、能源化、饲料化等多个方面，旨在通过科学技术手段将农业废弃物转化为有价值的资源，实现废弃物的减量化、资源化和无害化处理。

第一，肥料化技术。将农业废弃物转化为有机肥料，如通过堆肥化、快速腐熟等技术，将农作物秸秆、畜禽粪便等废弃物转化为富含养分的有机肥料，用于改良土壤结构、提高土壤肥力，这种技术不仅能够减少化肥的使用量，降低农业生产成本，还能有效改善土壤生态环境，提升农作物品质。

第二，能源化技术。利用厌氧消化、热解等技术，将农业废弃物转化为生物能源，如沼气、生物柴油等，这些生物能源不仅可以替代传统的化石能源，减少温室气体排放，还能为农村地区提供清洁、可再生的能源供应，促进农村能源结构的优化升级。

第三，饲料化技术。将部分农业废弃物加工成饲料，用于畜禽养殖。通过发酵、蛋白质提取等技术，将农作物秸秆、畜禽粪便等废弃物转化为富含营养物质的饲料，不仅可以降低饲料成本，还能提高畜禽的农产品产量和产品品质。

2. 农业废弃物资源化利用技术的实践案例与成效

（1）堆肥化技术在有机肥料生产中的应用

在许多农村地区，堆肥化技术被广泛用于农作物秸秆、畜禽粪便等废弃物的处理。通过科学堆肥化处理，这些废弃物被转化为高质量的有机肥料，用于改良土壤结构、提高农作物产量。例如，在中国的一些地区，通过推广堆肥化技术，有效减少了化肥的使用量，降低了农业生产成本，同时改善了土壤生态环境，提升了农作物的品质和产量。

（2）厌氧消化技术在生物能源生产中的应用

厌氧消化技术是一种将农业废弃物转化为生物能源的有效手段。在许多农场和农村地区，通过建立厌氧消化池，将畜禽粪便、农作物秸秆等废弃物转化为沼气,用于发电、供暖等。这种技术不仅减少了废弃物的环境污染,还为农村地区提供了清洁、可再生的能源供应,促进了农村能源结构的优化升级。

(3) 生物质材料技术在环保包装材料中的应用

随着环保意识的提高,生物质材料技术在包装材料领域的应用日益广泛。通过将农业废弃物加工成生物质塑料、生物质纤维等环保材料,可以替代传统的石油基材料,减少环境污染。例如,在一些地区,利用甘蔗渣等农业废弃物生产生物质塑料包装材料,不仅降低了生产成本,还减少了对环境的污染,推动了绿色包装产业的发展。

第三节 科技力量在产业升级中的作用

一、科技力量对农村产业生产效率的提高

(一) 智能化农业装备的应用与效益

1. 精准农业技术的深度整合与创新实践

随着信息技术的飞速发展,精准农业技术已不再局限于单一的智能装备应用,而是实现了多技术、多领域的深度整合,形成了更为高效、精准的农业生产管理体系。智能化农业装备不仅收集农田环境、农作物生长等基本信息,还整合了气象数据、市场动态等多源信息,通过大数据分析和人工智能算法,为农民提供个性化的种植建议和决策支持。这种全方位的数据融合,使得农业生产更加科学、精准,有效避免了盲目种植和市场风险。

利用物联网、云计算等技术,建立农田环境的智能监控系统,实时监测土壤湿度、养分含量、病虫害发生等关键指标。一旦发现异常,立即触发预警机制,指导农民及时采取措施,有效预防了灾害的发生,保障了农作物的健康生长。智能化农业装备能够根据农田的实际需求,实现精准作业,如变量施肥、喷药等。通过GPS导航和自动控制系统,装备能够精确控制施肥、喷药的量和位置,既节约了资源,又减少了环境污染,提高了农产品的质量

和安全性。

2. 生物技术与智能化装备的协同增效

生物技术与智能化装备的结合，为农业生产带来了前所未有的变革。二者协同作用，共同推动了农作物产量和品质的双重提升。利用基因编辑技术，可以培育出高产、优质、抗逆的农作物新品种；而智能化装备，如智能温室、植物工厂等，为这些新品种的选育提供了理想的生长环境。通过精准控制光照、温度、湿度等条件，加速了新品种的选育进程，提高了选育效率。

生物农药以其环保、安全的特点，逐渐成为农药市场的主流。然而，生物农药的施用需要更加精准地控制。智能化施药装备，如无人机、智能喷药机等，能够根据病虫害的发生情况和农作物的生长阶段，精准施用生物农药，既提高了防治效果，又减少了农药残留和环境污染。生物肥料以其富含有机质、微量元素和微生物菌群的特点，对改善土壤结构、提高农作物品质具有显著效果，智能化施肥装备，如智能施肥机、水肥一体化系统等，能够根据土壤养分含量和农作物需求，精准施用生物肥料，实现了肥料的精准管理，提高了肥料的利用率和农作物的产量。

（二）农业信息化平台的构建与作用

1. 农业信息化平台的构建

农业信息化平台是运用现代信息技术手段，整合农业资源，提供农业生产、管理、销售等环节所需的信息服务，实现农业产业高效、精准、可持续发展的重要工具。其构建过程涵盖了多个方面，包括基础设施建设、数据资源整合、服务系统开发等。

（1）基础设施建设

农业信息化平台的基础设施建设是平台运行的基础，包括如宽带网络、移动通信网络等网络基础设施，以确保农业信息能够高效、稳定地传输。另外，还需要建设农业数据中心、云计算中心等，为农业信息化平台提供强大的数据存储和处理能力。此外，物联网设备的部署也是基础设施建设的重要内容，如农田环境监测传感器、智能农机装备等，这些设备能够实时采集农田环境数据、农作物生长数据等,为农业信息化平台提供丰富、准确的数据源。

(2) 数据资源整合

农业信息化平台的建设离不开农业数据的整合,包括农业资源数据、农业生产数据、农产品市场数据等多个方面。通过数据资源整合,可以形成农业大数据,为农业决策支持、农业精准管理、农产品营销等提供科学依据。数据资源整合的过程需要建立统一的数据标准和规范,确保数据的准确性、完整性和时效性。此外,还需要运用大数据分析技术,对数据进行深度挖掘和分析,发现数据背后的规律和趋势,为农业信息化平台提供有价值的信息服务。

(3) 服务系统开发

农业信息化平台的服务系统开发是平台功能的实现,包括农业生产管理系统、农产品电商平台、农业知识服务系统等多个方面。通过服务系统开发,农民可以接受全方位的信息服务,如农业生产技术指导、农产品市场行情分析、农业机制咨询等。服务系统的开发需要遵循用户需求导向,注重用户体验和交互设计,确保农民能够方便快捷地获取所需信息。此外,还需要建立服务系统的更新和维护机制,确保平台的稳定运行和持续更新。

2. 农业信息化平台在农村产业生产效率提高中的作用

(1) 促进农业资源优化配置

农业信息化平台通过整合农业资源数据,为农业资源的优化配置提供了科学依据。平台可以根据农田环境、农作物生长、市场需求等因素,为农民提供精准的农业生产建议,指导农民合理安排农业生产活动,避免资源浪费和环境污染。平台还可以为农业企业提供市场信息和供应链管理服务,帮助企业优化生产布局和供应链管理,提高农业生产效率和市场竞争力。

(2) 推动农业生产方式现代化转型

农业信息化平台通过提供农业生产管理技术和服务,推动了农业生产方式的现代化转型。平台可以利用物联网技术、智能农机装备等,实现农田环境的实时监测和精准控制,提高农业生产的自动化、智能化水平。平台还可以为农民提供农业生产技术指导、病虫害防控等服务，帮助农民掌握先进的农业生产技术和管理经验，提高农业生产效率和产品质量。此外，平台还可以推动农业产业链上下游的协同发展，实现农业生产的标准化、规模化、品牌化。

（3）提升农产品市场竞争力

农业信息化平台通过整合农产品市场数据，为农产品营销提供了科学依据。平台可以根据市场需求和消费者偏好，为农民提供精准的农产品营销建议，指导农民合理安排农产品生产和销售活动。平台还可以为农产品提供品牌塑造、宣传推广等服务，帮助农产品提升知名度和美誉度，增强市场竞争力。此外，平台还可以推动农产品电商的发展，为农产品销售提供新的渠道和模式，拓宽农产品市场销售渠道，提高农产品销售效率和收益。

（4）促进农业知识普及和技术创新

农业信息化平台作为农业知识服务的重要载体，为农业知识的普及和技术创新提供了有力支持。平台可以整合农业科研机构的研究成果和农业专家的经验知识，为农民提供丰富的农业知识资源和学习机会。平台还可以为农业技术创新提供展示和推广平台，鼓励农业企业和农民积极参与技术创新活动，推动农业科技的进步和应用。

二、科技力量推动农村产业结构优化

（一）农村电商的兴起与农产品销售模式的创新

1. 农村电商的兴起与农村产业结构优化

农村电商的兴起，是科技力量推动农村产业结构优化的一大亮点。随着互联网技术的普及和电子商务的发展，农村电商逐渐崭露头角，成为连接城市与农村、促进农产品销售的重要桥梁。近年来，随着国家对乡村振兴战略的大力推进，农村电商作为新兴业态，得到了快速发展。一方面，农村地区的网络基础设施不断完善使得互联网技术逐渐普及，为农村电商的发展提供了有力支撑；另一方面，消费者对高品质、绿色健康农产品的需求日益增长，

基于乡村振兴的农村产业升级与经济发展研究

为农村电商提供了广阔的市场空间。

农村电商的兴起,对农村产业结构的优化起到了积极的推动作用。农村电商打破了传统农产品销售的地域限制,使得农产品能够更便捷地接触到消费者,拓宽了农产品的销售渠道,有助于解决农产品销售难的问题,提高农民的收入水平。农村电商可以促进农产品的品牌化和标准化,提升农产品的附加值和市场竞争力。通过电商平台,农民可以更加直观地了解市场需求,根据市场需求调整种植结构,推动农业产业的转型升级。此外,农村电商还带动了农村物流、金融等相关产业的发展,为农村经济的多元化发展提供了新的动力。

当前,农村电商已呈现出多种典型模式,如农产品直播电商、电商扶贫、"互联网+农业"、农村综合电商等。这些模式各具特色,共同推动了农村电商的繁荣发展。未来,农村电商将继续向智能化、精细化、品牌化方向发展,通过大数据分析、人工智能等技术手段,实现农产品的精准营销和个性化服务,进一步提高农产品的销售效率和市场竞争力。

2. 农产品销售模式的创新与农村产业结构优化

随着科技的不断进步和消费者需求的不断变化,农产品销售模式也在不断创新,以适应市场发展的需求。当前,农产品销售模式正逐步从传统的线下销售向线上销售转变,形成了线上线下融合发展的新格局。一方面,电商平台、社交媒体等新兴渠道为农产品销售提供了新的平台;另一方面,线下体验店、社区团购等新型销售模式也在不断发展壮大。这些创新模式不仅拓宽了农产品的销售渠道,还提高了农产品的销售效率和消费者体验。

科技在农产品销售模式创新中发挥着越来越重要的作用。例如,大数据分析技术可以帮助农民精准把握市场需求,制定科学的种植和销售策略;物联网技术可以实现农产品的全程追溯,提高农产品的质量和安全性;人工智能技术可以优化农产品供应链管理,降低运营成本和提高效率。这些科技手段的应用,使得农产品销售模式更加智能化、精准化、高效化。农产品销售模式的创新对农村产业结构的优化产生了深远的影响。创新销售模式拓宽了农产品的销售渠道，提高了农产品的市场竞争力，有助于推动农业产业的转型升级。创新销售模式促进了农产品的品牌化和标准化建设，提升了农产品的附加值和品牌形象，为农村经济的多元化发展提供了新的动力。此外，创新销售模式还带动了农村物流、金融等相关产业的发展，为农村经济的可持续发展提供了有力支撑。

（二）乡村旅游与休闲农业的发展策略

1. 科技在乡村旅游项目中的应用

科技在乡村旅游项目中的应用，不仅提升了乡村旅游的吸引力，还促进了乡村旅游产业的可持续发展。具体体现在以下三个方面。

（1）智慧旅游系统的建设

智慧旅游系统利用大数据、云计算、物联网等技术，实现了旅游信息的智能化管理和服务。例如，通过大数据分析游客的行为和偏好，可以为游客提供个性化的旅游推荐和定制服务；通过物联网技术，可以实时监测旅游景点的客流情况，优化旅游资源的配置。这些技术的应用不仅增加了游客的旅游体验，也提高了乡村旅游的管理效率和服务水平。

（2）虚拟现实（VR）与增强现实（AR）技术的应用

VR和AR技术为乡村旅游带来了全新的体验方式。通过VR技术，游客可以在家中预览旅游目的地的景观，增强旅游的直观性和趣味性；通过AR技术，游客可以在旅游过程中获得丰富的虚拟信息，如历史文化的介绍、景点的互动体验等。这些技术的应用极大地丰富了乡村旅游的内容和形式，提升了乡村旅游的吸引力。

（3）智能农业与休闲农业的结合

智能农业技术，如智能灌溉系统、无人机监测等，可以提高农业生产效率，减少资源浪费。同时，这些技术的应用也为休闲农业提供了丰富的体验内容。例如，游客可以参观智能农业设施，了解现代农业技术的应用，甚至参与智能农业的生产过程，体验现代农业的魅力。这种结合不仅提升了休闲农业的附加值，也促进了农业与旅游业的融合发展。

2. 休闲农业与乡村旅游的融合路径

休闲农业与乡村旅游的融合是推动农村产业结构优化和转型升级的重要路径。每个乡村都有其独特的文化特色，是休闲农业与乡村旅游融合的基础。通过深入挖掘乡村的历史文化、民俗文化、生态文化等，可以打造具有地方特色的旅游产品，如乡村文化体验游、生态农业观光游等，这些特色旅游产品不仅可以吸引游客，也可以提升乡村旅游的文化内涵和附加值。农业与旅游业的深度融合是推动休闲农业与乡村旅游融合发展的关键。一方面，可以通过发展休闲农业，将农业生产过程、农产品加工过程等转化为旅游体验内容，如农事体验、农产品采摘等；另一方面，可以通过发展乡村旅游，将乡村的自然景观、人文景观等转化为旅游亮点，如乡村民宿、乡村美食等。这种深度融合不仅可以提升乡村旅游的吸引力，也可以促进农业与旅游业的共同发展。

科技是推动休闲农业与乡村旅游融合发展的重要支撑。通过加强科技在休闲农业与乡村旅游中的应用，可以提升旅游体验和服务质量，促进农业与旅游业的融合发展。例如，可以利用智能农业技术提高农业生产的效率和品质，为休闲农业提供丰富的体验内容；可以利用大数据分析技术优化旅游资源的配置和管理，提高乡村旅游的服务水平。乡村旅游与新型城镇化的有机结合是推动农村产业结构优化和转型升级的重要路径。通过加强乡村旅游与新型城镇化的互动发展，可以促进城乡资源的共享和互补，实现城乡一体化的发展目标。例如，可以依托新型城镇化的建设，完善乡村旅游的基础设施和公共服务设施；可以通过乡村旅游的发展，带动新型城镇化的产业升级和就业增长。

第四章　农村人力资源与产业升级互动

第一节　农民技能提升与职业教育

一、职业教育在农民技能提升中的优势

（一）针对性强

职业教育的一大显著优势在于其强烈的针对性，能够精准对接农民的技能需求。职业教育紧密围绕农村经济发展和产业结构调整的需求，设置专业课程和培训项目。通过深入调研农村市场和产业需求，职业教育机构能够准确把握农民技能提升的方向和重点，为农民提供符合市场需求的技能培训。这种有针对性的课程设置，不仅提高了农民的技能水平，还增强了他们的就业竞争力和创业能力。

职业教育注重个性化教学，根据农民的个人特点和职业规划，提供定制化的培训方案。农民在年龄、文化程度、技能基础等方面存在差异，职业教育机构通过因材施教，为每位农民提供适合其自身条件的技能培训，确保培训效果的最大化。这种个性化的教学方式，不仅满足了农民多样化的学习需求，还激发了他们的学习积极性和创造性。职业教育与农村实际紧密结合，注重培养农民的实用技能，职业教育机构通过与企业合作、建立实训基地等

方式，将技能培训与农村实际生产相结合，让农民在学中干、干中学，快速掌握实用技能，这种紧密结合农村实际的教学方式，不仅提高了农民的技能水平，还促进了农村经济的快速发展。

（二）实践操作多

职业教育注重实践操作。通过大量的实践操作训练，强化农民对技能的掌握和运用。职业教育机构建立了完善的实训基地和实训体系，为农民提供了充足的实践操作机会。实训基地通常配备先进的设备和工具，模拟真实的工作环境，让农民在实训过程中熟悉和掌握各种技能，这种实践操作的教学方式，不仅提高了农民的技能水平，还增强了他们的实际操作能力和职业素养。

职业教育注重校企合作。通过工学交替、顶岗实习等方式，让农民在企业中接受实践锻炼。企业作为技能应用的最终场所，能够为农民提供真实的工作环境和任务，让他们在实践中不断锤炼和提升技能，这种校企合作的教学方式，不仅促进了农民技能与市场需求的有效对接，还提高了他们的就业质量和收入水平。此外，职业教育还注重技能竞赛和成果展示，激发农民的学习动力和创新精神，通过组织技能竞赛和成果展示活动，职业教育机构能够展示农民的技能水平和成果，激发他们的学习积极性和创造性，这些活动还能够促进农民之间的交流和学习，推动技能的传承和创新。

（三）教育资源丰富

职业教育拥有丰富的教育资源，能够为农民技能提升提供全方位的学习支持。职业教育机构拥有专业的师资队伍和先进的教学设施，师资队伍通常由具有丰富实践经验和教学经验的教师组成，能够为农民提供高质量的教学和指导。先进的教学设施如多媒体教室、实验室、实训车间等，为农民提供了良好的学习环境和学习条件。

职业教育机构开发了丰富的课程资源和教材体系。这些课程资源和教材体系通常涵盖农业、工业、服务业等多个领域，满足农民多样化的学习需求，职业教育机构还注重课程资源的更新和优化,确保农民能够学到最新的知识和技能。职业教育机构还积极拓展学习渠道和学习方式,除了传统的课堂教学外,职业教育机构还利用互联网、移动通信等现代信息技术手段,开展在线学习、远程教育等新型学习方式。这些新型学习方式不仅突破了时间和空间的限制,还为农民提供了更加便捷、灵活的学习途径。

二、职业教育促进农民技能提升的策略

(一)优化职业教育资源配置

1. 加强农村职业教育基础设施建设

农村职业教育基础设施建设是提升农民技能、促进农村经济发展的基础保障。当前,由于历史沿革、经济落后等多种因素的制约,农村职业教育基础设施相对滞后,亟须加强建设。有关部门应加大资金投入,改善农村职业学校校舍的基本设施,确保学员有宽敞明亮的教室,安全可靠的电力供应,完善的饮用水、厕所等基础设施,良好的学习环境不仅能够提升农民的学习积极性,也是提高教育质量的前提。

随着信息技术的迅速发展,教育信息化已经成为农村职业教育发展的重要方向。有关部门应鼓励农村职业学校引入多媒体教室、计算机实验室、互联网等设施,为农民提供先进的教学手段和资源,打破教育资源分配不均的状况,促进农民技能水平的全面提升。实训基地和技能培训中心是提升农民实际操作能力的重要场所,有关部门应与企业合作,共同建立实训基地和技能培训中心,提供农业生产、农村经营、农村电商等方面的技能培训。通过模拟真实的工作环境,让农民在实训过程中掌握实用技能,提升就业和创业能力。

2. 整合社会资源扩大教育供给

整合社会资源扩大教育供给是提高职业教育质量、满足农民技能提升需求的重要途径。通过整合社会资源,可以有效弥补有关部门投入不足、教育资源分配不均等问题。职业教育机构应与企业建立紧密的合作关系。通过校

企合作实现资源共享，企业可以为职业教育提供实训设备、技术指导和就业岗位等资源，职业教育机构则为企业提供人才支持和保障，这种合作模式不仅有助于提升农民的技能水平，还能够促进农村经济的发展。

不同地区的职业教育机构之间可以开展校际合作，实现资源共享和优势互补。通过共享课程资源、教师资源和实训基地等资源，提高职业教育的整体质量和效益。校际合作还能够促进教育经验的交流和分享，推动职业教育的创新性发展。有关部门应鼓励民间资本和专业资源参与职业教育建设，形成有关部门主导、社会参与的多元化职业教育投入机制，民间资本和专业资源的引入不仅可以增加职业教育的投入力度，还能够为农民提供更加多样化和个性化的技能培训服务。

（二）创新职业教育模式

1. 线上线下相结合的培训模式

随着信息技术的飞速发展，线上线下相结合的培训模式已成为职业教育领域的一大创新点。这种模式不仅打破了时间和空间的限制，还极大地提高了培训效率和灵活性，对于提升农民技能水平具有重要意义。

利用互联网和移动通信技术，建立线上培训平台，为农民提供便捷、灵活的学习方式。线上平台可以整合优质的课程资源、教学视频、在线测试等，农民可以根据自身需求和时间安排，随时随地进行学习，还可以提供互动交流功能，促进农民之间的学习分享和经验交流。虽然线上培训具有便捷性，但实践操作能力的提升仍离不开线下实训基地的建设。通过与企业、农业合作社等合作，建立实训基地，为农民提供真实的工作环境和任务，让他们在实践中学习和掌握技能，线下实训基地的建设应注重与线上培训内容的衔接，确保理论与实践的有机结合。将线上培训与线下实训相结合，形成融合的教学模式，在线上，农民可以通过平台学习理论知识和观看教学视频；在线下，他们可以在实训基地进行实践操作和技能训练，这种融合的教学模式不仅提高了培训效率，还增强了农民的学习体验和提高了技能熟练程度。

2. 产教融合校企合作

产教融合校企合作是职业教育促进农民技能提升的另一重要策略。通过与企业、行业的深度合作，职业教育机构能够更准确地把握市场需求，为农民提供符合实际需求的技能培训。职业教育机构应与企业建立紧密的合作关系，共同制定人才培养方案、开发课程资源和建设实训基地，企业可以参与教学计划的制定和实施，提供实训设备和技术指导；职业教育机构则可以根据企业需求，调整专业设置和课程内容，确保人才培养的针对性和实效性。

根据企业需求，职业教育机构可以实施"订单式"人才培养模式，为企业定制化培养技能人才。这种模式不仅解决了企业的人才需求问题，还为农民提供了明确的就业方向和稳定的就业岗位。通过产教融合校企合作，职业教育机构可以与企业、科研院所等共同开展技术研发、产品创新和市场推广等活动，形成产学研用一体化的发展格局，这种发展模式不仅有助于提升职业教育的教学质量和科研水平，还能够促进农村经济的转型升级和可持续发展。

（三）提升职业教育质量

1. 加强师资队伍建设，提升教学质量

师资队伍是职业教育质量的核心要素，其素质和能力直接关系到教学效果和农民技能提升的程度。因此，加强师资队伍建设是提升职业教育质量的首要任务。职业教育机构应重视师资队伍的建设，优化师资结构，提升整体素质，通过招聘具有丰富实践经验和教学能力的教师，引进高水平的专业技术人才，形成一支结构合理、素质优良的师资队伍，加强对现有教师的培训和进修，提升他们的专业素养和教学能力，确保教学质量。

职业教育强调实践与理论的结合。因此，教师的实践能力尤为重要。职业教育机构应鼓励教师积极参与企业实践、农村调研等活动，提升他们的实践能力和对农民技能需求的了解。通过实践锻炼，教师可以更好地将理论知识与实际操作相结合，提高教学效果。为了激发教师教学的积极性和创造力，职业教育机构应建立完善的激励机制。通过设立教学优秀奖、科研成果奖等奖励措施，表彰在教学和科研方面取得突出成绩的教师，并提供良好的职业

发展通道和福利待遇，吸引和留住优秀师资。

2. 完善课程体系，更新教学内容

课程体系和教学内容是职业教育质量的重要体现，其合理性和先进性直接影响到农民技能提升的效果。因此，完善课程体系、更新教学内容是提升职业教育质量的另一重要策略。职业教育机构应深入了解市场需求，特别是农村经济发展的需求，以此为基础优化课程设置。通过开设与现代农业、农村电商、农产品加工等相关的课程，为农民提供符合市场需求的技能培训，注重课程的实用性和针对性，确保农民能够学到真正有用的技能。

随着科技的进步和农村经济的发展，新技术、新知识不断涌现，职业教育机构应及时引入新技术、新知识，更新教学内容，确保农民能够掌握最前沿的技能和知识。例如，在农业领域引入智能农业、精准农业等新技术；在农村电商领域引入大数据分析、网络营销等新知识。职业教育强调实践教学的重要性。因此，在完善课程体系和更新教学内容的过程中，应注重实践教学的环节。通过设立实训基地、开展校企合作等方式，为农民提供实践操作的机会和平台。加强实践教学的考核和评价，确保农民能够真正掌握所学技能并将其应用于实际生产中。

（四）增强农民参与职业教育的积极性

1. 提升职业教育吸引力与增强实用性，激发农民内在学习动力

职业教育吸引力的提升和实用性的增强是激发农民内在学习动力、提高参与积极性的关键，要求职业教育机构在课程设计、教学方式等方面不断创新，以满足农民的实际需求和期望。职业教育机构应深入调研农民的实际需求和技能短板，根据农村经济发展的趋势和农民就业创业的需求，设计贴近实际、具有实用性的课程。例如，开设现代农业技术、农村电商、农产品加工等课程，帮助农民掌握先进的农业技术和管理经验，提高他们的生产效率和市场竞争力。传统的课堂教学方式往往难以激发农民的学习兴趣，职业教育机构应采用灵活多样的教学方式，如现场教学、案例教学、项目式学习等，提高教学的互动性和参与性。通过实地参观、现场操作、小组讨论等方式，让农民在轻松愉快的氛围中学习技能、交流经验，从而增强他们的学习动力。

2. 加强职业教育宣传与引导，营造良好的学习氛围

职业教育宣传与引导的不足往往导致农民对职业教育的认知不足，进而影响他们的参与积极性。因此，加强职业教育宣传与引导，营造良好的学习氛围，是提高农民参与职业教育积极性的重要途径。职业教育机构应充分利用广播、电视、网络等媒体平台，广泛宣传职业教育的意义、作用和成功案例，提高农民对职业教育的认知度，可以组织职业教育展览、讲座、交流会等活动，让农民亲身体验职业教育的魅力和实用性，激发他们的学习兴趣和动力。在职业教育宣传中，应注重树立典型和榜样，通过宣传那些在职业教育中取得显著成效、实现个人价值和社会贡献的农民学员，展示职业教育的成果和优势，激励更多的农民积极参与职业教育。可以邀请这些典型人物分享他们的学习经验和成功故事，为其他农民提供借鉴和参考。

第二节　人才吸引与激励机制

一、人才吸引策略

（一）提升农村生活与工作环境的吸引力

1. 改善基础设施与公共服务，打造宜居宜业的农村环境

农村基础设施和公共服务的完善程度，直接影响到人才在农村的生活质量和工作效率。为了吸引和留住人才，必须加大对农村基础设施和公共服务的投入，打造宜居宜业的农村环境。

第一，应着重改善交通、通信等基础设施。便捷的交通网络是连接农村与城市、促进农村经济发展的重要纽带。通过修建公路、铁路等交通设施，缩短农村与城市的距离，方便人才的流动和物资的运输。加强农村通信基础设施建设，提高宽带网络覆盖率和通信质量，为人才提供便捷的信息获取和交流渠道。

第二，要完善农村公共服务体系。优质的公共服务是吸引人才的重要因素之一。应加大对农村教育、医疗、文化等公共服务的投入，提高服务质量和水平。例如，加强农村学校建设，提高教育质量，为人才子女提供良好的教育环境；完善农村医疗卫生体系，提高医疗服务水平，保障人才的身体健康；丰富农村文化生活，举办各类文化活动，满足人才的精神需求。

第三，还应注重农村住房条件的改善。住房是人们生活的基本需求之一，良好的住房条件能够吸引和留住人才。应加大对农村住房建设的投入，提高住房质量和舒适度，为人才提供安全、舒适的居住环境。

2. 优化农村生态环境，构建绿色生态的乡村风貌

随着人们生活水平的提高，对生态环境的要求也越来越高。优化农村生态环境，构建绿色生态的乡村风貌，不仅能够提升农村生活环境的吸引力，还能促进农村可持续发展。保护农村生态环境是优化农村生态环境的基础，应加大对农村环境污染的治理力度，严格控制工业污染、农业污染等，减少污染物排放，加强农村生态修复和保护工作，恢复和保护农村生态系统，提高农村生态环境质量。

绿化美化是优化农村生态环境的重要手段。应加大对农村绿化美化的投入，种植各类绿化植物，提高农村绿化覆盖率，注重农村景观的打造，通过规划设计，形成具有地方特色的乡村风貌，提升农村生态环境的美观度和舒适度。此外，还应注重农村生态环境的可持续发展，在优化农村生态环境的过程中，应充分考虑生态环境的承载能力，避免过度开发和利用。通过推广生态农业、循环经济等发展模式，实现农村经济的绿色发展和生态环境的可持续发展。

（二）提供具有竞争力的薪酬福利

1. 薪资水平与福利保障

薪资水平是人才在选择工作时首先考虑的因素之一，也是衡量一个地区或企业吸引力的重要指标。在农村地区，由于经济发展水平相对较低，薪资水平往往难以与城市相媲美。因此，为了吸引和留住人才，必须提高农村地区的薪资水平，使其具有竞争力，应根据农村地区的经济发展水平、行业特

点和人才市场的供需状况,合理确定薪资水平。通过市场调研和薪酬分析,了解同行业、同岗位的薪资标准,确保农村地区的薪资水平能够吸引和留住人才,还应建立薪资调整机制,根据企业的经济效益和个人的工作表现,定期调整薪资水平,保持薪资的竞争力。

除了薪资水平外,福利保障也是吸引和留住人才的重要因素。完善的福利保障能够解决人才的后顾之忧,提高其工作满意度和忠诚度。因此,农村地区应建立健全的福利保障体系,包括社会保险、住房公积金、带薪休假、节日福利等。通过提供全面的福利保障,让人才在农村地区享受到与城市相当的生活品质和工作待遇。

2. 股权激励与长期收益计划

股权激励是一种通过让人才持有企业股份,从而与企业共享发展成果的方式。在农村地区,由于企业规模相对较小,股权激励往往更具可行性和吸引力。通过股权激励,人才能够成为企业的股东,享受企业增值带来的收益。这种长期的收益预期能够激发人才的积极性和创造力,促使其为企业的发展贡献更多的力量。股权激励还能够增强人才的归属感和忠诚度,降低人才流失的风险。

除了股权激励外,长期收益计划也是吸引和留住人才的重要方式。长期收益计划可以包括年终奖、绩效奖金、利润分享等。通过设立长期收益计划,企业可以根据人才的贡献和业绩,给予其相应的奖励和回报,这种长期的激励机制能够促使人才关注企业的长远发展,为企业的持续成长贡献力量。

在实施股权激励和长期收益计划时,需要注意以下几点:第一,要确保激励计划的公平性和透明度,避免出现内部矛盾和不公现象;第二,要根据企业的实际情况和人才的贡献程度,合理确定激励的额度和方式;第三,要建立完善的考核机制和监督机制,确保激励计划的有效实施和人才的长期贡献。

(三) 打造职业发展平台与机会

1. 职业发展路径规划

职业发展路径规划是人才吸引策略中的重要一环。为个人提供了清晰的目标导向和成长蓝图,有助于人才理解自身在农村产业升级中的角色定位及未来可能达到的职业高度。企业应基于产业发展趋势和自身战略需求，设计多元化的职业发展路径，包括技术专家路线、管理领导路线以及跨领域复合型人才路线等，以满足不同人才的兴趣和能力倾向。通过定期举行的职业规划讨论会、导师制度等，帮助人才明确个人职业目标，制定短期与长期的发展计划，同时提供必要的资源和支持，如项目参与、轮岗机会等，以促进其实践经验的积累和能力的全面提升。此外，建立开放透明的职业晋升体系，让人才了解每一步晋升的标准和要求，增强其对未来发展的信心和动力。

2. 培训与晋升机制

培训与晋升机制是确保人才持续成长和职业发展的重要保障。在农村地区，由于资源相对有限，构建高效、有针对性的培训体系尤为重要。一方面，企业应根据产业发展需求和个人职业规划，设计系统化的培训课程，涵盖专业技能、管理知识、创新思维等多个方面，采用线上线下相结合的方式，提高培训的灵活性和覆盖面。鼓励并支持人才参加外部培训、研讨会等，拓宽视野，紧跟行业动态。另一方面，建立公平、公正的晋升机制，确保人才能够通过自身的努力和业绩获得应有的晋升机会。晋升机制应基于明确的绩效评价标准，结合360度反馈、项目贡献评估等多种方法，确保评价的全面性和客观性。对于表现优异的人才，应给予及时的晋升和奖励，以激励其持续贡献，同时也为其他人才树立榜样，形成积极向上的组织氛围。

二、激励机制设计

（一）绩效激励机制

1. 基于工作成果的奖励制度

基于工作成果的奖励制度是一种将个人或团队的工作成果与奖励直接挂钩的激励方式，强调成果的量化评价和即时反馈，能够有效激发个体的工作积极性和创造力。在农村人力资源与产业升级的互动中，这种奖励制度可以应用于农业生产、农产品加工、乡村旅游等多个领域。具体而言，企业可以根据不同岗位和工作的特点，设定具体的绩效指标和奖励标准，如农作物产量、农产品质量、销售额、游客满意度等。当员工或团队达到或超过设定的绩效指标时,即可获得相应的奖励,如奖金、晋升机会、额外休假等。这种奖励制度不仅能够直接激励员工追求更好的工作成果,还能够促进农村人力资源的有效利用和产业升级。

在实施基于工作成果的奖励制度时,需要注意以下几点:一是绩效指标的设定应科学合理,既要考虑行业特点和岗位需求,又要具有一定的挑战性,以激发员工的潜能;二是奖励制度应公平透明,确保所有员工都了解奖励的标准和流程,避免产生不公平感;三是奖励应及时到位,以便员工能够及时得到努力的回报,增强工作动力。

2. 个人与团队绩效考核

个人与团队绩效考核是绩效激励机制的重要组成部分,旨在通过对个人和团队绩效的综合评价,实现个体潜能的最大化和团队协同合作的最优化。在农村人力资源与产业升级的互动中,个人与团队绩效考核可以应用于农业生产合作社、农产品加工企业、乡村旅游景区等多种组织形式。具体而言,企业可以根据不同岗位和工作的特点,设定具体的绩效指标和考核标准,如生产效率、产品质量、客户满意度、团队协作能力等。通过对个人和团队绩效的综合评价,企业可以识别出表现优异的个人和团队,并给予相应的奖励和晋升机会。对于绩效不佳的个人和团队,企业也应及时提供反馈和辅导,帮助其改进工作表现,提升整体绩效水平。

(二) 荣誉与成就激励机制

1. 设立荣誉奖项与进行表彰

设立荣誉奖项与进行表彰是荣誉与成就激励机制的核心组成部分。通过设立具有象征意义和实际价值的荣誉奖项,对在农村产业升级过程中做出突出贡献的个人或团队进行表彰,可以树立榜样,激发人才的荣誉感和进取心。这些荣誉奖项可以包括"农村产业升级杰出贡献奖""农村创新创业先锋奖""农村优秀技能人才奖"等,具体名称和设置应根据农村产业升级的实际需求和人才特点来确定。

荣誉奖项的设立应遵循公平、公正、公开的原则，确保评选过程的透明度和公信力。评选标准应明确具体，涵盖工作成果、创新能力、团队合作、社会责任感等多个维度，以全面评价人才的实际贡献。在表彰形式上，可以采用颁发证书、奖杯、奖金等方式，同时还可以通过公开表彰大会、媒体宣传等形式，扩大表彰的影响力，增强获奖者的荣誉感和归属感。荣誉奖项的设立不仅是对获奖者的肯定和鼓励，更是对全体人才的激励和鞭策。通过表彰优秀，树立榜样，可以激发更多人才的积极性和创造力，推动农村人力资源的充分利用和产业升级的加速推进。

2. 成就展示与宣传

成就展示与宣传是荣誉与成就激励机制的另一重要组成部分。通过展示人才的优秀成果和突出成就，可以增强人才的自信心和自豪感，同时扩大其影响力和示范效应，进一步激发全体人才的积极性和创造力。成就展示与宣传可以通过多种渠道和形式进行。一方面，可以在企业内部设立专门的成就展示区或荣誉墙，展示人才的工作成果、获奖证书、荣誉奖杯等，让全体员工都能感受到优秀人才的榜样力量。另一方面，可以利用企业网站、社交媒体、行业杂志等渠道，对优秀人才的成就进行广泛宣传，扩大其影响力和知名度。此外，还可以组织经验分享会、成果展示会等活动，邀请优秀人才分享自己的成功经验和心得体会，为其他人才提供学习和借鉴的机会。

第三节　创业创新氛围营造

一、创业创新氛围对农村人力资源与产业升级的影响

（一）创业创新氛围对人才吸引的作用

1. 创业创新氛围的激励效应

创业创新氛围的激励效应主要体现在其对个体内在动力的激发上。在一个充满创业创新氛围的环境中，个体更容易受到周围成功创业者和创新实践

者的激励，从而产生强烈的创业创新意愿和动力。这种氛围通过传递正能量、树立榜样、分享成功经验等方式，激发人才的内在潜能和创造力，使他们更加愿意投身于农村地区的创业创新事业中。

创业创新氛围能够激发人才的冒险精神和挑战意识。在这样一个环境中，失败被视为成功的一部分，是学习和成长的必由之路。这种观念促使人才勇于尝试新事物，不畏失败，从而更加积极地投身于创业创新活动中。创业创新氛围还能够激发人才的创新精神和创造力，在这种氛围中，新思想、新技术、新模式不断涌现，为人才提供了广阔的发挥空间和无限的创意灵感。人才在这种氛围中更容易受到启发，产生新的想法和解决方案，从而推动产业升级和经济发展。而且，在一个充满活力和创新精神的社区中，人才更容易找到志同道合的伙伴和合作机会，形成紧密的社交网络和支持系统，这种归属感和认同感使人才更加愿意留在农村地区，为当地的创业创新事业贡献自己的力量。

2. 创业创新氛围的集聚效应

创业创新氛围的集聚效应主要体现在其对人才流动与聚集的促进作用上。在一个创业创新氛围浓厚的环境中，人才更容易被吸引和聚集，从而形成人才高地和产业集群，进而增强产业升级的动力和竞争力。创业创新氛围能够吸引外部人才的流入。一个充满机遇和挑战的创业创新环境，对于具有创业精神和创新能力的人才具有强大的吸引力。这些人才往往愿意放弃城市的高薪和舒适生活，来到农村地区追求自己的梦想和事业，他们的到来不仅为农村地区带来了新的思想和技术，还促进了人才结构的优化和升级。

创业创新氛围可以促进内部人才的成长与流动。在一个充满创新氛围的环境中，人才更容易获得学习和成长的机会，提升自己的专业技能和综合素质。他们也更愿意在不同的岗位和项目之间流动，寻找更适合自己的发展机会。这种内部人才的成长与流动促进了人才资源的优化配置和高效利用，为产业升级提供了有力的人才支持。此外，创业创新氛围能够增强产业升级的动力和竞争力。通过吸引和聚集大量具有创业精神和创新能力的人才，农村地区能够形成具有竞争力的产业集群和创新生态系统。这些产业集群和创新生态系统不仅能够推动传统产业的转型升级和新兴产业的快速发展，还能够促进农村地区的经济增长和社会进步。

(二) 创业创新氛围对产业升级的推动作用

1. 创业创新氛围的技术创新效应

创业创新氛围浓厚的农村地区，往往能够吸引更多的创新资源和人才，从而推动新技术的引入与应用，加速产业升级进程。创业创新氛围激发了企业和个人的创新意愿和能力，促使他们不断探索新技术、新工艺和新产品，提升产业的技术含量和附加值。这些新技术、新工艺和新产品的引入，不仅能够提高生产效率和质量，还能开辟新的市场领域，为产业升级提供强大的技术支撑。

创业创新氛围促进了产学研用的紧密结合，加速了科技成果的转化和应用。在创业创新氛围的推动下，高校、科研机构和企业之间的合作更加紧密，形成了协同创新体系。这种合作模式不仅加快了科技成果的转化速度，还提高了科技成果的转化效率，为产业升级提供了源源不断的技术创新动力。创业创新氛围还促进了农村地区的数字化、智能化转型，随着新一代信息技术的发展，数字化、智能化已成为产业升级的重要方向。创业创新氛围浓厚的农村地区，往往能够更快地接受和应用这些新技术，推动农业、制造业等传统产业的数字化转型和智能化升级，提升产业的整体竞争力和可持续发展能力。

2. 创业创新氛围的产业集聚效应

创业创新氛围不仅推动了新技术的引入与应用，还促进了产业链的整合与协同发展，提升了产业的整体竞争力。创业创新氛围吸引了大量相关企业和人才聚集在农村地区，形成了产业集群，这些产业集群通过资源共享、优势互补和协同创新，降低了生产成本，提高了生产效率，增强了产业的规模效应和集群效应。

创业创新氛围促进了产业链上下游企业的紧密合作与协同发展。在创业创新氛围的推动下，产业链上下游企业之间的合作更加紧密，形成了稳定的供应链和价值链。这种合作模式不仅提高了产业链的整合度和协同性，还促进了产业链的延伸和拓展，为产业升级提供了更广阔的发展空间。创业创新氛围还促进了农村地区的品牌建设和市场营销，在创业创新氛围的推动下，农村地区的企业和个人更加注重品牌建设和市场营销，通过提升产品质量、优化服务体验和加强品牌推广等方式，提高了产品和服务的知名度和美誉度。

二、农村创业创新氛围营造的策略与实践

（一）培育创业文化，激发创新精神

1. 构建价值认同，强化社会支持

创业文化作为一种深层次的社会文化现象，对于农村创业创新氛围的营造具有基础性作用。培育创业文化，首要在于构建对创业价值的广泛认同，要求在农村地区倡导一种勇于尝试、敢于冒险、鼓励失败、崇尚成功的创业观念，打破传统保守思想的束缚，让创业成为被社会广泛接受和尊重的职业选择。

实践中，可以通过多种途径来培育创业文化。一是举办创业论坛、创业讲座等活动，邀请成功创业者分享经验，用他们的亲身经历和成就来激励和启发潜在的创业者；二是利用媒体和网络平台，广泛宣传创业故事和成功案例，营造积极向上的创业氛围；三是开展创业教育，将创业知识和技能纳入农村教育体系，从小培养青少年的创业意识和能力。

创业文化的培育还需要强化社会支持体系，包括建立创业导师制度，为创业者提供一对一的指导和帮助；设立创业基金，为初创企业提供资金支持；建立创业孵化器和加速器，为创业者提供物理空间和资源支持等。通过这些措施，可以形成一个全方位、多层次的创业支持体系，让创业者在农村地区感受到浓厚的创业氛围和强大的社会支持。

2. 鼓励创意涌现，促进技术革新

创新精神是农村创业创新氛围营造的灵魂。激发创新精神，就是要鼓励人们勇于探索未知、敢于挑战传统、善于发现问题并寻求解决方案，要求在

农村地区营造一种开放包容、鼓励创新的文化氛围，让创新成为推动农村经济发展的重要动力。

实践中，激发创新精神可以从多个方面入手。一是加强创新教育，将创新教育融入农村学校课程体系，培养学生的创新意识和能力；二是举办创新大赛和创意市集等活动，为创新者提供展示和交流的平台，激发他们的创新热情；三是建立创新激励机制，对在创新方面取得突出成果的个人或团队给予奖励和表彰，激发他们的创新动力。

激发创新精神还需要促进技术革新，要求在农村地区加强技术研发和推广应用。推动传统产业的技术升级和新兴产业的发展壮大，可以通过引进先进技术、加强产学研合作、建立技术创新联盟等方式，促进技术革新与产业升级的深度融合，为农村经济发展注入新的活力。

（二）完善创业创新服务体系

1. 建立创业孵化器与加速器

创业孵化器与加速器作为连接创业者与市场的桥梁，对于促进农村创业项目的快速成长具有重要意义。在农村地区建立创业孵化器与加速器，可以为初创企业提供物理空间、基础设施、资源共享、资金对接等一系列支持，有效降低创业门槛，加速项目孵化进程。创业孵化器与加速器的建立需要充分考虑农村地区的实际情况和需求。例如，可以根据当地产业特色和资源禀赋，设立专注于某一领域的专业孵化器，如农业科技孵化器、乡村旅游孵化器等。这样不仅可以集中资源，提高孵化效率，还能形成产业集聚效应，吸引更多相关企业和人才聚集。

创业孵化器与加速器应提供全方位的服务支持，除了基本的办公场所和设施外，还应包括法律咨询、财务顾问、市场推广、融资对接等增值服务。这些服务可以帮助创业者解决创业过程中遇到的各种问题，降低创业风险，提高创业成功率。创业孵化器与加速器还应注重与高校、科研机构、行业协会等外部资源的合作，通过搭建产学研用合作平台，促进科技成果的转化和应用，为农村创业项目提供持续的技术创新支持，还可以通过组织创业沙龙、创业大赛等活动，为创业者提供交流学习和展示成果的机会，激发创业创新活力。

2. 提供创业咨询与培训服务

创业咨询与培训服务是完善农村创业创新服务体系的重要组成部分。通过提供专业的咨询和培训，可以帮助创业者提升创业能力、增强创业信心，从而更好地应对创业过程中的各种挑战。创业咨询服务应覆盖创业全周期，从创业初期的市场调研、项目策划、商业模式设计，到创业中期的团队管理、市场营销、融资对接，再到创业后期的战略规划、资本运作、企业上市等，都需要提供专业的咨询服务，这些服务可以帮助创业者厘清思路、明确方向、规避风险，提高创业成功率。

创业培训服务应注重实战性和个性化。通过组织创业培训班、创业训练营等活动，为创业者提供系统化的创业知识和技能培训，还可以根据创业者的不同需求和背景，提供个性化的培训方案，帮助他们解决具体问题、提升创业能力。创业咨询与培训服务还应注重与创业实践的结合，通过建立创业导师制度，邀请成功创业者、行业专家等为创业者提供一对一的指导和帮助，还可以鼓励创业者参与实际项目操作、模拟创业等实践活动，通过实践锻炼提升创业能力。

3. 加强知识产权保护与技术支持

知识产权保护与技术支持是完善农村创业创新服务体系的重要保障。通过加强知识产权保护和提供技术支持，可以保护创业者的创新成果，激发其创新动力，还可以推动农村产业的技术升级和转型升级。知识产权保护是激发创新活力的重要手段，在农村地区，许多创业项目涉及新技术、新产品、新工艺等创新成果。这些成果如果得不到有效保护，将严重挫伤创业者的创新积极性。因此，需要建立完善的知识产权保护机制，包括专利申请、商标注册、版权登记等，为创业者的创新成果提供法律保障。

技术支持是推动农村产业升级的关键。通过引入先进技术、加强产学研合作、建立技术创新联盟等方式，可以为农村创业项目提供持续的技术支持，这些技术支持不仅可以帮助创业者解决技术难题、提升产品质量和提高效率，还可以推动农村产业的技术升级和转型升级。知识产权保护与技术支持还需要注重与创业实践的结合。例如，可以建立知识产权保护工作站或技术转移中心等机构，为创业者提供知识产权咨询、技术评估、技术转让等一站式服务。还可以通过组织技术交流会、成果展示会等活动，促进技术成果的转化和应用，为农村创业创新注入新的活力。

第四节 人力资源开发机制支持

一、人力资源开发机制的主要内容

（一）教育与培训体系完善

1. 教育与培训体系完善是提升农村人力资源素质的关键路径

农村人力资源素质的提升是产业升级的基础。教育与培训体系通过提供系统的知识和技能学习机会，帮助农村人口掌握现代农业生产技术、市场经营管理、信息技术应用等关键能力，从而提升其整体素质和就业竞争力。在农村地区，教育体系应涵盖基础教育、职业教育和成人教育等多个层次，确保不同年龄段、不同教育背景的农村人口都能获得适合自己的学习机会。基础教育应注重基础知识和基本技能的传授，为农村人口打下坚实的学习基础；职业教育则应针对农村经济发展的实际需求，培养具有专业技能和实际操作能力的人才；成人教育则应为已就业的农村人口提供继续教育和技能提升的机会，帮助其适应产业升级带来的新变化和新要求。

通过完善教育与培训体系，农村人力资源的素质可以得到全面提升，为农村经济发展提供强有力的人才支撑。一方面，高素质的人才队伍能够推动农村产业向高附加值、高技术含量方向发展，提升农村经济的整体竞争力；另一方面，教育与培训体系的完善也有助于提高农村人口的文化素质和综合素质，增强其社会适应能力和创新能力，为农村社会的全面发展奠定基础。

2. 教育与培训体系完善是促进农村产业升级的重要途径

农村产业升级是推动农村经济发展的关键。教育与培训体系的完善通过提供与产业升级相适应的知识和技能，促进农村产业结构的优化和升级。随着科技的进步和市场的变化，农村产业对人才的需求也在不断变化。教育与培训体系需要及时调整教学内容和方式，确保所培养的人才能够适应产业升级的新要求。

在农村地区，教育与培训体系应紧密围绕当地的主导产业和特色产业，开展有针对性的培训和教育活动。例如，在农业主导型农村，应加强对现代农业技术的培训，提升农民的科技素养和创新能力；在旅游主导型农村，应加强对旅游服务和管理人才的培养，提升农村旅游业的整体服务水平。通过教育与培训体系的完善，可以培养出更多具有专业技能和创新精神的人才，为农村产业升级提供有力的人才保障。教育与培训体系的完善还有助于促进农村产业与教育的深度融合。通过校企合作、产学研结合等方式，将教育资源与产业资源有机结合起来，推动科研成果的转化和应用，为农村产业升级提供持续的技术创新支持。这种深度融合不仅有助于提升农村产业的技术含量和附加值，还有助于培养更多具有创新精神和实践能力的人才，为农村经济的可持续发展奠定坚实基础。

（二）创业与创新支持机制

1. 创业与创新支持机制对农村人力资源的激活效应

农村人力资源的创业与创新潜能是农村经济转型升级的重要驱动力。创业与创新支持机制通过提供资金扶持、创业指导、创新奖励等多方面的支持，有效激活了农村人力资源的创业与创新活力。这些机制不仅降低了农村人口创业的门槛和风险，还为其提供了广阔的创新空间和发展机遇。

具体而言，创业与创新支持机制通过设立专项创业基金、提供小额信贷、税收减免等措施，为农村创业者提供了必要的资金支持，降低了其创业初期的资金压力。通过组织创业培训、创业大赛、创业指导等活动，为农村创业者提供了宝贵的创业经验和学习机会，提升了其创业能力和成功率。此外，通过设立创新奖励机制，鼓励农村人口在农业技术、农产品加工、乡村旅游等领域进行技术创新和模式创新，进一步激发了其创新潜力和创业热情。

这些机制的实施，不仅促进了农村人力资源的合理配置和有效利用，还为其提供了更多的就业机会和收入来源，有助于缩小城乡收入差距，从而实现农村经济的均衡发展。通过创业与创新支持机制的引导，农村人力资源的创业与创新活动逐渐形成了规模效应和集群效应，为农村产业升级提供了有力的人才支撑和智力支持。

2. 创业与创新支持机制对产业升级的推动作用

产业升级是农村经济转型升级的核心任务之一。创业与创新支持机制通过促进技术创新、产业升级和产业链延伸，为农村产业升级提供了重要的推动力。这些机制鼓励农村人口在农业、林业、牧业、渔业等传统产业中引入新技术、新设备和新模式，以提升产业附加值和市场竞争力。

一方面，创业与创新支持机制通过设立农业科技创新基金、推广现代农业技术等措施，促进了农业技术的创新和应用。这些新技术、新设备和新模式不仅提高了农业的生产效率和产量，还提高了农产品的品质和安全性，满足了市场对优质农产品的需求。另一方面，创业与创新支持机制还鼓励农村人口在农产品加工、乡村旅游、电子商务等新兴产业中开展创业活动，推动农村产业结构的优化和升级。这些新兴产业不仅为农村经济发展注入了新的活力，还拓宽了农村人口的就业渠道和收入来源。

此外，创业与创新支持机制还通过促进产业链延伸和产业集群发展，提升了农村产业的整体竞争力。这些机制鼓励农村人口在产业链上下游开展创业活动，形成完整的产业链条和产业集群。这种集群效应不仅降低了生产成本和交易成本，还提升了产品的品牌影响力和市场竞争力，为农村产业升级提供了有力保障。

（三）人才引进与保留机制

1. 人才引进与保留机制对农村人力资源结构优化与创新能力提升的影响

通过人才引进与保留机制吸引和留住高素质人才，有效优化了农村人力

第四章 农村人力资源与产业升级互动

资源结构,提升了农村地区的创新能力。在人才引进方面,机制制定者通常会采取提供优惠待遇、搭建创业平台、优化生活工作环境等措施,吸引城市人才、海外人才以及高校毕业生等优质人力资源向农村地区流动。这些人才不仅带来了先进的理念、技术和知识,还通过示范引领作用,激发了当地农民的学习热情和创业动力,从而推动了农村人力资源整体素质的提升。人才引进与保留机制也注重农村本土人才的培养和激励。通过设立人才培养计划、提供培训机会、建立晋升机制等措施,旨在提升农村本土人才的专业技能、管理能力和创新能力。这些本土人才在熟悉当地环境、了解市场需求方面具有独特优势,能够成为农村产业升级的重要推动力量。

在人才保留方面,机制制定者通常会关注人才的工作满意度、生活质量和职业发展前景等因素。通过提供有竞争力的薪资待遇、完善的福利待遇、良好的工作环境和广阔的发展空间等措施,增强人才的归属感和忠诚度。这些措施有助于降低人才流失率,保持农村人才队伍的稳定性,为农村经济的持续发展提供人才保障。人才引进与保留机制的实施不仅优化了农村人力资源结构,提升了农村地区的创新能力,还为农村产业升级提供了强有力的人才支撑。这些高素质人才通过引入新技术、新产业、新业态,推动了农村传统产业的转型升级,促进了农村经济的多元化发展。

2. 人才引进与保留机制对农村产业升级的促进作用

农村产业升级是农村经济发展的必然趋势,而人才引进与保留机制在这一过程中发挥着至关重要的作用。人才引进机制为农村产业升级提供了急需的人才资源。通过实施人才引进机制,可以吸引更多具有专业技能和创新精神的人才进入农村地区,为农村产业升级提供智力支持和技术保障。人才保留机制则有助于稳定农村人才队伍,为农村产业升级提供持续的人才支撑。农村产业升级是一个长期而复杂的过程,需要人才队伍的持续投入和努力。通过实施人才保留机制,可以留住那些已经在农村地区工作并做出贡献的人才,避免人才流失带来的负面影响,为农村产业升级提供稳定的人才保障。

人才引进与保留机制还通过推动人才流动与合作,推动了农村产业间的融合与创新。这些机制鼓励人才在不同产业、不同地区之间进行交流与合作,促进了知识、技术和经验的共享与传播。这种跨产业、跨地区的合作与交流有助于激发新的创新灵感和商业模式，推动农村产业的融合与创新发展。

二、人力资源开发机制的实施策略

（一）多层次教育体系构建

1. 多层次教育体系构建提升农村人力资源素质

多层次教育体系构建的核心目标在于全面提升农村人力资源的素质，以适应农村经济发展对人才的需求。基础教育作为整个教育体系的基石，为农村儿童提供了基本的知识和技能，为其后续的学习和发展奠定了坚实的基础。在农村地区，应特别注重基础教育质量的提升。通过优化教育资源配置、加强师资队伍建设等措施，确保农村儿童能够接受与城市儿童同等质量的教育。

职业教育在多层次教育体系中扮演着至关重要的角色。农村经济发展对技能型人才的需求日益增长，职业教育因此成为培养农村实用人才的主要途径。通过设立与农村产业紧密相关的专业课程，提供实践操作机会和就业指导服务，职业教育能够帮助农村青年掌握实用的职业技能，提高其就业竞争力和创业能力。成人教育作为多层次教育体系的重要组成部分，为农村成年人提供了终身学习的机会。通过开设各类培训课程、在线学习平台等形式，成人教育能够帮助农村成年人更新知识结构、提升技能水平，适应农村经济发展的新需求。此外，成人教育还应注重培养农村成年人的创新思维和创业意识，鼓励其积极参与农村产业升级和创新创业活动。而继续教育作为多层次教育体系的高端环节，为农村高层次人才提供了进一步学习和发展的机会。通过设立硕士、博士等学位课程，以及举办高级研修班、国际交流项目等活动，继续教育能够帮助农村高层次人才拓宽国际视野、提升学术水平，为农村经济发展提供智力支持和引领力量。

2. 多层次教育体系构建支撑农村产业升级

多层次教育体系构建不仅有助于提升农村人力资源的素质，还能够为农村产业升级提供有力支撑。通过优化教育资源配置和课程设置，多层次教育体系能够培养更多符合农村产业升级需求的人才。例如，针对农村新兴产业的发展需求，职业教育可以开设相关专业课程，培养具有专业技能和创新能力的实用人才；成人教育则可以提供有针对性的培训服务，帮助农村成年人提升技能水平，适应产业升级带来的就业变化。

多层次教育体系构建有助于促进农村产学研合作和科技成果转化。通过加强高校、科研院所与农村企业之间的合作与交流，多层次教育体系能够推动科研成果向农村产业转化应用，提升农村产业的科技创新能力和市场竞争力。例如，高校和科研院所可以与农村企业共同设立研发中心、实验室等机构，开展联合攻关和技术创新活动；成人教育则可以发挥桥梁作用，促进科研成果向农村基层推广应用。

（二）创业孵化与资金支持

1. 创业孵化

创业孵化作为农村人力资源开发机制的重要实施策略之一，通过为农村创业者提供全方位的支持与服务，有效促进了农村创业活动的蓬勃发展。创业孵化机构作为农村创业者的孵化器，不仅为创业者提供了必要的办公场所、设施设备和网络资源，还通过提供创业培训、法律咨询、市场调研等一站式服务，降低了创业者的创业风险和成本。此外，创业孵化机构还通过组织创业沙龙、项目路演等活动，为创业者搭建了交流合作的平台，促进了创业资源的共享与整合。创业孵化机构通过提供专业化的创业指导和咨询服务，帮助创业者明确创业方向、完善商业模式，提高了创业项目的成功率和市场竞争力。创业孵化机构通过引入风险投资、天使投资等资本力量，为创业者提供了必要的资金支持，缓解了其资金压力，促进了创业项目的快速成长。创业孵化机构还通过搭建产学研合作平台，促进了科技成果的转化与应用，为农村创业者提供了更多的创新源泉和技术支持。

2. 资金支持

资金支持作为农村人力资源开发机制的另一重要实施策略，通过为农村产业升级提供必要的资金保障，推动了农村经济结构的优化与转型。在农村产业升级过程中,资金支持不仅为农村企业提供了必要的研发经费和运营资金,还通过引导社会资本投入、优化资源配置,促进了农村产业的集聚与创新。资金支持为农村企业提供必要的研发经费,促进企业技术创新和产品升级,提高农村产业的核心竞争力,资金支持通过引导社会资本投入,促进农村产业的集聚发展,形成规模效应和集群效应,从而提高农村产业的整体效益和市场影响力。此外,资金支持还通过优化资源配置,促进农村产业结构的优化与转型,推动农村经济结构的多元化和可持续发展。

第五章　农村金融服务与产业升级

第一节　金融创新支持产业升级

一、农村金融创新模式探索

（一）传统金融服务的改进与优化

农村信用社、农业银行等传统金融机构，作为农村地区金融服务的中坚力量，长期以来深耕乡土，不仅建立了广泛的客户基础，还积累了丰富的农村金融服务经验。然而，面对农村经济结构的不断调整和农民需求的日益多样化，传统金融服务模式面临着前所未有的挑战，亟须通过改革与创新来焕发新的生机。金融机构应当深刻认识到，加大对农业产业链的信贷支持是促进农村产业升级的关键。这意味着要深入农业产业链的各个环节，了解农户和农业企业的实际资金需求，设计符合其特点的信贷产品。简化贷款审批流程，提高审批效率，降低融资成本，确保资金能够及时、有效地投入农业生产中，为农村经济发展注入强劲动力。除了信贷支持外，金融机构还需积极拓展服务领域，以满足农村居民日益多元化的金融需求。这包括提供保险服务，帮助农民抵御自然灾害和市场风险；推出理财产品，引导农民合理规划财务，增加财产性收入；提供咨询服务，帮助农民了解金融市场动态，把握投资机会。通过这些多元化金融产品的提供，金融机构不仅能够增强与农民的联系，还能提升自身的服务质量和竞争力。

（二）互联网金融在农村的实践

近年来，互联网金融的迅猛发展为农村金融创新开辟了新路径。凭借互联网技术的强大渗透力，金融服务能够跨越地域限制，更广泛地触达农村地区。这一变革不仅极大地降低了农村地区获取金融服务的门槛，还通过多样化的服务模式，如第三方支付、网络借贷、股权众筹等，有效缓解了农村金融服务供给不足的现状。这些互联网金融模式的引入，为农村地区带来了前所未有的金融便利，农户和小微企业得以更加便捷地获得资金支持，进而促进了农村产业的升级与转型。第三方支付平台的广泛应用，让资金流转更加高效快捷，为农村地区的商品交易提供了极大便利。网络借贷则通过线上平台操作，简化了贷款流程，缩短了审批时间，使得农户在急需资金时能够迅速获得融资，以支持农业生产及经营活动。股权众筹作为一种新兴的融资方式，为农村创业项目和特色产业提供了资金募集的新渠道，激发了农村经济的创新活力。互联网金融的兴起，还成为推动农村电子商务和智慧农业发展的催化剂。电商平台与互联网金融的深度融合，为农产品上行打开了广阔的市场空间，农户可以直接对接消费者，减少中间环节，提高销售收入。智慧农业借助物联网、大数据等技术，结合互联网金融的支持，实现了农业生产的精准管理和高效运营，提升了农业的整体效益。更为重要的是，互联网金融的发展促进了农村地区金融知识的普及，提高了农民的金融素养，使他们能够更好地利用金融工具进行资产管理和风险规避。

（三）社区型金融模式的探索

社区型金融模式根植于农村社区，以金融服务为桥梁，紧密连接社区居民与经济发展，其核心理念在于充分发掘并利用社区内部的资源优势。通过互助合作、资金互助等多种形式，社区型金融模式有效缓解了农村社区内部的融资难题，为农户和农业企业提供了更为便捷、灵活的融资渠道。农村资金互助社基于社区成员之间的信任与合作，将闲置资金聚集起来，用于支持社区内部的农业生产、小微企业发展和基础设施建设。这种资金互助模式不仅降低了融资成本，还提高了资金的使用效率，促进了社区内部资金的良性循环。资金互助社还通过定期的培训和交流活动，提升了社区居民的金融素质和风险意识，为他们更好地参与金融市场、实现财富增值打下了坚实基础。除了农村资金互助社外，社区发展基金也是社区型金融模式的重要组成部分。它通常由社区内的企业、农户和其他经济组织共同出资设立，用于支持社区内的公共事业、产业发展和社会福利项目。社区发展基金的运作不仅促进了社区经济的多元化发展，还增强了社区的凝聚力和向心力，为农村产业升级提供了有力的资金保障。

（四）绿色金融在农村的应用

随着国家对环保与可持续发展议题的日益重视，绿色金融正逐步崛起成为农村金融创新的关键领域，其核心在于推动农村经济的绿色转型，涵盖节能减排、循环农业、生态旅游等一系列低碳环保产业。金融机构在此过程中扮演着至关重要的角色，它们通过创新金融工具，如发行绿色债券，不仅拓宽了融资渠道，而且明确了资金导向，专款专用支持农村绿色项目的发展。通过设立绿色信贷专项基金，为符合条件的绿色农业、生态旅游等项目提供低息或贴息贷款，降低了农村绿色产业的融资成本，加速了这些产业的成长步伐。绿色金融的实践，不仅促进了农村产业结构的优化升级，还带动了农村生态环境的显著改善。在节能减排方面，绿色金融支持的项目往往采用先进的环保技术和设备，减少了农业生产过程中的污染排放，保护了农村的自然生态。循环农业则在绿色金融的助力下，实现了资源的循环利用和废弃物的无害化处理，提高了农业生产的可持续性。至于生态旅游，绿色金融的投入促进了旅游设施的生态化改造，提升了农村旅游的品质，吸引了更多游客，为农村经济带来了新的增长点。更为重要的是，绿色金融的发展促进了农村金融体系的完善，增强了金融机构服务绿色产业的能力。

二、农村金融创新与产业融合

（一）农村产业链金融模式

在我国农村地区，产业链金融作为一种新兴的金融模式，正悄然改变传统农村金融服务的面貌，打破了其单一性和局限性的束缚。这一模式以农业产业链为根基，巧妙地将金融资源与农业生产的各个环节，包括种植、养殖、加工、销售等紧密相连，为产业链上的所有参与者，无论是企业、合作社还是农户，都提供了全面、多层次且一体化的金融服务方案。农村产业链金融模式的出现，极大地提高了农业产业链的整体运行效率。它通过优化资金配置，确保了农业生产各环节的资金需求得到及时满足，从而加速了农产品的流通和转化，提高了农业生产的整体效益。该模式还有效降低了融资成本，使得更多的小微企业和农户能够负担得起贷款，进而投入农业生产中，促进了农业产业的升级和扩张。在这一模式下，金融机构的角色变得更为积极主动。它们不再仅仅提供传统的存贷款服务，而是根据产业链上不同主体的具体需求，量身定制金融产品和服务。无论是针对企业的流动资金贷款，还是针对合作社的项目融资，抑或是针对农户的小额信贷，金融机构都能提供精准对接，确保资金的有效利用。这种个性化的金融服务，不仅满足了产业链上各主体的差异化需求，还促进了产业链各环节的协同发展，形成了良性循环。

（二）金融支持农业科技创新

在农业科技的创新过程中，农村金融创新扮演着至关重要的角色，为农业科技创新提供了强有力的金融支撑。金融机构通过灵活运用多种金融工具，如提供定制化贷款、参与股权投资、设计专属保险产品等，为农业科技企业在研发、生产、市场推广等关键环节提供全方位的金融服务。这些金融服务的介入，有效缓解了农业科技企业在创新过程中面临的资金压力，加速了科技成果从实验室走向田间地头的转化进程，推动了农业产业的升级与迭代。

尤为重要的是，农村金融创新促进了金融机构与农业科研院所、高新技术企业之间的深度合作。通过构建产学研用一体化的创新联盟，各方能够共享资源、优势互补，形成协同创新的强大合力。金融机构不仅为科研活动提供必要的资金支持，还利用其市场洞察能力，帮助科研成果更好地对接市场需求，提高转化效率。这种合作模式也促进了金融机构对农业科技领域的深入理解，使其能够设计出更加贴合农业科技企业需求的金融产品与服务，形成良性循环。农村金融创新还通过设立奖学金、研究基金等方式，支持了农业科技人才的培养与引进，激励更多优秀人才投身于农业科技研发，为农业科技创新提供源源不断的人才保障。此外，金融创新还推动了农业科技基础设施的建设与完善，如农业科技园区、孵化器等，为农业科技创新提供了良好的实体空间与配套服务，进一步激发了农业科技创新的活力。

（三）农村产业融合的金融需求

随着农村产业融合的持续深化，农村金融需求正展现出前所未有的多元化与多层次特征。因此，在此背景下，金融机构亟须积极应变。通过产品与服务的不断创新，来精准对接农村产业融合所带来的融资、风险管理及财务咨询等多方面需求。农村产业融合促进了农业与其他产业的交叉渗透，形成了诸如农产品深加工、乡村旅游、农村电商等新兴业态。这些新业态的发展，对资金的需求量大增，同时也对金融服务的灵活性和创新性提出了更高要求。金融机构应针对这些新变化，设计出更加贴合市场需求的金融产品，如针对农产品深加工的专项贷款、支持乡村旅游开发的综合融资方案等，以满足不同经营主体的资金需求。农村产业融合还催生了一批新型经营主体，如家庭农场、合作社及农业产业化龙头企业等。这些主体在规模、经营模式及资金需求上均与传统农户存在显著差异。金融机构需密切关注这些新型主体的发展动态，通过深入调研，了解其独特的金融服务需求，并据此提供精准、高效的金融服务。例如，为家庭农场提供长期稳定的资金支持，为合作社提供便捷的支付结算服务，为农业产业化龙头企业提供全方位的金融服务解决方案等。通过帮助农村经营主体建立健全风险管理体系，提高其财务管理水平，金融机构不仅能有效降低自身的信贷风险,还能助力农村经营主体实现稳健发展,从而推动农村产业融合的深入进程。

(四) 金融创新促进农村产业升级的路径

1. 金融工具与服务的创新优化

面对传统农村金融服务范围有限、产品同质化严重等瓶颈,金融机构亟须突破常规,探索并推出适应农村需求的新型金融工具。供应链金融便是一个典型例证,它通过整合农业产业链上下游资源,为农户和农业企业提供从原材料采购到产品销售的全链条金融服务,有效盘活了农村沉睡资产,唤醒了农业生产的资金血脉。产权抵押贷款的创新实践,让农民手中的土地经营权、林权等资产得以资本化,拓宽了融资渠道,为农业生产注入了新的活力。在此基础上,金融机构还需充分利用互联网技术,加速农村互联网金融的发展步伐。通过搭建线上金融服务平台,实现金融服务的线上化、移动化,让农民足不出户即可享受贷款申请、转账汇款、投资理财等便捷服务,极大地降低了交易成本,提高了服务效率。这种线上线下相结合的金融服务模式,不仅缩短了金融服务与农民之间的距离,也促进了农村金融市场的繁荣发展。此外,为了增强农民抵御风险的能力,金融机构还需积极引入信用贷款、农业保险等金融产品。信用贷款基于农民的信用记录,为其提供无抵押、低利率的贷款支持,降低了融资门槛。而农业保险则为农民提供了抵御自然灾害、市场风险等多重保障,稳定了农民的收入预期,增强了其从事农业生产的信心和积极性。

2. 科技驱动下的金融服务智能化

金融机构在科技的应用过程中,应当充分利用大数据、云计算、人工智能等现代信息技术,全面提升金融服务的智能化水平,以适应农村经济发展的新需求。借助大数据技术的力量,金融机构能够深度挖掘和分析农民的金融行为、信用记录以及农业生产周期等多维度信息。这种数据分析能力使得金融机构能够更精准地把握农民的金融需求,从而为他们提供更加个性化的金融服务方案。无论是贷款产品的设计,还是还款方式的安排,都能更好地贴合农民的实际需求，提升服务的满意度和有效性。

云计算技术的应用，则让金融机构能够更高效地处理和分析海量数据，实现资源的优化配置。这不仅提高了金融服务的响应速度，还降低了运营成本，使得更多农民能够以更低的成本享受到高质量的金融服务。

人工智能技术的融入，更是让金融服务实现了质的飞跃。通过智能客服、自动化审批等应用，金融机构能够大幅提高服务效率，减少人为错误，为农民提供更加便捷、高效的金融服务体验。

科技的应用还帮助金融机构在风险管理方面取得了显著成效。通过构建智能风控系统，金融机构能够实时监测和分析市场动态，及时发现潜在风险，并采取有效措施进行防范和化解。这不仅保障了农村金融市场的稳健运行，还为农村产业升级提供了稳定的金融支持。

3. 多方协同与资源整合

金融机构作为金融服务的提供者，应当主动加强与农业企业、农户及农村合作社等核心利益相关方的紧密联系，构建起互利共赢的合作机制。通过与这些主体的深入合作，金融机构能够更精准地捕捉农村产业的真实需求，从而设计出更加贴合实际的金融产品与服务，以满足农业生产、加工、销售等各个环节的金融需求。在合作的基础上，金融机构还应积极促进资金、技术、市场等关键资源的整合，形成推动农村产业升级的强大合力。资金方面，金融机构可通过创新融资模式，如产业基金、股权融资等，为农村产业提供长期稳定的资金支持。技术方面，金融机构可与科研机构、高校等合作，引入现代农业技术，提升农业生产的科技含量。市场方面，金融机构可利用自身信息优势，帮助农村产业拓宽销售渠道，对接更广阔的市场。此外，金融机构还应积极参与到农村基础设施建设、科技创新和人才培养等工作中。通过投资农村交通、水利、信息网络等基础设施，改善农村生产生活环境，为产业升级奠定坚实基础。科技创新方面，金融机构可支持农业科研项目，促进科技成果的转化应用。人才培养方面，则可通过设立奖学金、提供实习机会等方式，培养一批懂农业、爱农村、懂金融的复合型人才。

第二节　农村信用社与小额信贷

一、农村信用社概述

（一）农村信用社的定义与特点

农村信用社，作为根植于农村地区的金融机构，将服务对象明确锁定在农村居民，特别是农村中小企业与农户上。因而在服务内容及服务方式的构建上，农村信用社充分展现了其地域特色及客户针对性。它深入了解农村的经济环境及农民的实际需求，提供包括存贷款服务、金融咨询等在内的多样化服务，旨在满足农村居民在生产生活中遇到的各种金融需求。农村信用社的运营基石是合作制，这一制度凸显了社员间互助合作的重要性，并赋予了农村信用社鲜明的地方性和社区性。在合作制的框架下，农村信用社不仅为社员提供金融服务，还促进了社员间的经济交流与合作，增强了社区的凝聚力。社员通过参与农村信用社的运营，实现了资源共享和风险共担，有力推动了农村经济的持续发展。在经营过程中，农村信用社始终坚持社会效益与经济效益并重。它不仅仅追求经济收益，更注重通过金融服务支持农村经济的发展，提高农村居民的生活水平。农村信用社通过提供优惠的贷款机制、普及金融知识等方式，积极促进农村经济的繁荣，实现了社会效益与经济效益的和谐统一。农村信用社还不断创新服务方式，利用现代信息技术提高服务效率和质量，使农村居民能够更加便捷地享受金融服务，进一步拉近了农村金融服务与城市金融服务的距离。

（二）农村信用社的主要业务

1. 存款业务

农村信用社作为农村金融服务体系的重要组成部分，致力于为农村居民提供丰富多样的存款产品，以满足其不同的储蓄需求。其中，活期存款以其灵活便捷的特点，深受农村居民的喜爱，允许他们随时存取资金，方便农村居民日常生活和小额交易。定期存款则为农村居民提供了一个安全稳定的收益渠道，通过约定存款期限和利率，帮助他们规划未来，积累财富，同时也为农村信用社提供了稳定的资金来源，支持其更好地服务于农村经济。除此之外，通知存款作为一种介于活期与定期之间的存款方式，既保证了资金的相对流动性，又能在一定程度上提高收益，满足了农村居民对于资金灵活性和收益性的双重需求。农村信用社通过不断优化存款产品结构，提升服务质量，不仅增强了农村居民的储蓄意愿，还有效促进了农村资金的回笼和积累。

2. 贷款业务

农户贷款作为农村信用社的基础产品，充分考虑了农业生产周期性和季节性特点，提供灵活的借款期限与还款方式，确保农户资金流与农业生产节奏紧密契合。农村中小企业贷款，则聚焦于支持乡村企业的成长与发展。通过优化审批流程、降低融资门槛，助力企业扩大生产规模，提升市场竞争力。特别的是，农村扶贫贷款体现了信用社的社会责任担当，为贫困地区的农户和微小企业提供专项资金支持，帮助他们摆脱贫困，实现可持续发展。这些贷款产品不仅在利率上给予优惠，降低了借款成本，还创新担保方式，接受包括土地使用权、林权、农机具等多种形式的抵押，甚至引入信用保证保险、联保联贷等机制，极大地拓宽了担保范围，提高了融资可获得性。此外，信用社还加强金融服务下沉，通过设立村级金融服务站、推广手机银行应用等措施，让金融服务触手可及，有效缩短了农村金融服务半径，提高了服务效率。

3. 结算业务

农村信用社作为农村地区金融服务的重要组成部分，为农村居民提供了多样化的支付结算服务。其中，支票作为一种传统的支付工具，被广泛应用于大额交易和跨地区支付中，其安全、可靠的特点深受农村居民信赖。而汇票，则以其灵活的使用方式和广泛的接受度，成为农村居民进行远距离交易时的优选，有效解决了资金传输的时空限制。银行卡的普及更是为农村居民带来了前所未有的便利，通过银行卡，农村居民可以轻松完成日常消费、转账汇款、存取现金等多种金融操作，无须携带大量现金，既安全又高效。农村信用社还不断优化银行卡服务，如推出手机银行、网上银行等电子渠道服务，让农村居民随时随地都能享受到便捷的金融服务，真正实现了"一卡在手，支付无忧"。

4. 代理保险和理财业务

农村信用社在深化金融服务的过程中，积极探索与保险公司、基金公司等金融机构的合作模式，旨在构建更为全面、多元化的金融服务体系，以满足农村居民日益增长且多样化的金融需求。通过与保险公司的紧密合作，农村信用社为农村居民提供了涵盖人身、财产、农业等多个领域的保险产品，有效增强了农村居民的风险抵御能力，特别是在面对自然灾害、健康风险时，能够为他们提供及时的经济补偿和支持。农村信用社还携手基金公司，引入适合农村市场的理财产品。这些产品通常具有门槛低、风险可控、收益相对稳定的特点，既满足了农村居民对资产增值的期望，又兼顾了他们的风险承受能力。通过这样的合作，农村信用社不仅丰富了自身的服务内涵，也促进了农村居民金融意识的提升，引导他们更加合理地规划和管理个人及家庭的财务。

二、小额信贷解析

（一）小额信贷的概念

小额信贷，顾名思义，是专为低收入群体及微小企业量身打造的一种信贷服务模式。其核心特征体现在贷款额度的适中性，即相较于传统贷款，其额度偏小，更贴合目标群体的实际需求；贷款期限设定得较为短暂，旨在快速响应并解决借款人短期的资金周转难题。审批流程方面，小额信贷追求的是简便快捷，力求减少烦琐环节，提高服务效率。而在还款方式上，则展现出高度的灵活性，旨在减轻借款人的还款压力，确保其能够顺利履行还款义务。小额信贷的初衷，在于为那些难以从传统金融机构获得资金支持的群体提供一条可行的融资途径。它不仅能够助力借款人有效应对生产经营中的临时性资金短缺，还能在一定程度上激发消费需求，促进经济活动的活跃。在我国，小额信贷已逐步发展成为金融服务体系中不可或缺的一环，其创新性的服务模式，对于破解长期以来存在的"融资难、融资贵"问题，具有不可小觑的积极意义。

（二）小额信贷的运作机制

1. 小组联保或团体贷款机制

小组联保或团体贷款是小额信贷的核心运作机制之一，是一种创新的金融模式，旨在通过社会资本的力量来增强信贷的可获得性与安全性。在此机制下，贷款申请人需融入一个由具备相似社会背景及共同目标的个体所构成的互助小组，而多个这样的小组则进一步集结成一个贷款中心。互助小组作为团体激励机制的典范，其内生的激励制度有效地替代了传统的抵押担保要求，缓解了银行与客户间信息不对称的难题。具体而言，小组成员间相互为对方的贷款提供担保，并共同承担起成员还款的责任，从而形成了一种相互监督与支持的氛围。这种机制巧妙地利用了社区内人员的社会联系与信任，使贷款的风险得以分散，同时也增强了借款人的还款意愿，在人口密度大、居住集中，尤其是贫困人口较为集中的地区，小组联保或团体贷款机制展现出了其独特的优势。

2. 检验性贷款与动态激励机制

在检验性贷款机制下，金融机构于初期并不急于向全体小组成员提供全额贷款，而是采取谨慎策略，先向部分成员发放贷款作为检验。这一做法的意图在于，通过观察这部分成员的还款行为，以评估整个小组的信贷风险及还款能力，进而决定是否继续向剩余成员发放贷款。格莱珉银行[①]的实践便是这一机制的典范，其贷款发放流程严格遵循先部分后整体的原则，依据前期还款的实际情况，逐步扩大贷款覆盖面。此机制巧妙地利用了动态调整贷款

---

① 格莱珉银行：又称乡村银行，由诺贝尔和平奖得主尤努斯博士于1983年在孟加拉国创办。它采用"每周还款"等模式，为广大穷人群体服务，使人们对商业银行的概念的认识有了翻天覆地的变化。

发放的策略，对借款人形成了有效的正向激励。借款人为了获得后续的贷款支持，必须保持良好的还款记录，这无疑增强了还款的及时性和可靠性。金融机构还会依据借款人的还款表现，灵活调整后续的贷款条件，包括额度和利率，以此实现多期的动态激励。这种激励机制不仅有助于降低金融机构的信贷风险，还能激发借款人的还款积极性，形成良性循环。

3. 数据分析与个性化服务

小额信贷机构充分利用大数据、云计算以及人工智能等前沿技术，深度挖掘和分析农民金融行为、信用记录、农业生产周期等多维度数据，以期更精准地把握农民的金融需求脉络。这种深度的数据洞察能力，使得金融机构能够为农民量身打造个性化的金融服务方案，从而满足其多样化的金融需求。基于数据分析的个性化服务，不仅极大地提高了金融服务的效率，还显著降低了服务成本。传统金融服务中，由于信息不对称和风险评估难题，金融机构往往需要投入大量人力、物力进行客户调研和风险评估。而在现代信息技术的助力下，这些烦琐的流程得以简化，金融机构能够更快速地响应农民的金融需求，提供更为便捷、高效的金融服务。更为重要的是，智能化服务的推广使得更多农民能够享受到高质量的金融服务。在过去，由于地理位置偏远、信息闭塞等，许多农民难以获得及时、有效的金融服务。而现在，借助现代信息技术，金融机构能够打破地域限制，将服务触角延伸至更广泛的农村地区，让更多农民受益。

三、农村信用社与小额信贷的关系

（一）农村信用社在小额信贷中的作用

农村信用社作为我国农村金融体系中的中流砥柱，对小额信贷领域产生了深远的影响，其角色不可或缺。它为农民开辟了一条便捷的贷款通道，有效缓解了长期以来农民面临的融资难题，为农村经济血液的循环提供了重要支撑。农村信用社通过调整贷款策略，降低贷款门槛，使得贷款不再是农民难以企及的金融资源。它还简化了贷款流程，减少了农民的贷款成本和时间投入，让更多农户能够轻松获得贷款支持，为他们的生产生活注入了新的活力。不仅如此，农村信用社还致力于提升农户的金融素养。它通过开展金融教育活动，帮助农民了解金融产品的特点和风险，引导他们树立正确的金融观念，学会合理规划和使用资金。这些方面不仅加深了农民对小额信贷的认识和信任，还提高了他们利用小额信贷发展生产的能力，为农村经济的持续增长奠定了坚实的基础。

（二）农村信用社与小额信贷的融合

随着农村金融改革的不断深化，农村信用社与小额信贷之间的融合趋势日益明显。这种融合体现在多个层面，共同推动了农村金融服务的升级与创新。在产品创新方面，农村信用社积极响应小额信贷的市场需求，精心设计了一系列贴近农户实际、灵活多样的贷款产品。这些产品不仅满足了农户在生产经营中的资金周转需求，还促进了农村经济的多元化发展。服务模式上，农村信用社紧跟时代步伐，采用线上线下相结合的方式，为农户提供更加便捷、高效的贷款服务。线上平台的搭建，使得贷款申请、审批流程大大简化，提高了服务效率；而线下服务的保留，则确保了与农户的紧密联系，增强了服务的针对性和人性化。在风险控制方面，农村信用社积极运用大数据、云计算等现代信息技术手段，对贷款风险进行精准识别与有效防控。通过数据分析，可以更加准确地评估农户的还款能力和信用状况，从而降低贷款风险，确保小额信贷业务的稳健发展。

（三）农村信用社与小额信贷的发展前景

1. 农村经济发展的影响

随着农村经济的持续增长，农户对资金的需求日益增加。小额信贷作为重要的金融支持手段，其需求量必将不断攀升。这一趋势为农村信用社提供了新的发展机遇，同时也对其服务模式和创新能力提出了更高要求。面对农户日益增长的金融需求，农村信用社需不断探索和创新业务模式。通过引入现代信息技术，如大数据、云计算和人工智能等，农村信用社可以实现对农户金融需求更精准的理解和把握,从而提供更加个性化、高效的金融服务。农村信用社还应注重提升服务质量,优化贷款流程,降低贷款门槛,确保更多农户能够便捷地获得所需资金。此外,农村信用社还应加强与农户的沟通和联系,深入了解他们的实际需求和困难,为他们提供更加贴心的金融服务和支持。通过举办金融知识讲座、开展金融咨询活动等方式,农村信用社可以帮助农户提高金融素养,增强他们利用小额信贷发展生产的能力。

2. 农村金融市场的需求

为了充分挖掘市场潜力,农村信用社应当充分利用自身优势,积极扩大小额信贷业务的规模,为农村经济发展提供强有力的金融支持。小额信贷以其灵活、便捷的特点,深受农户欢迎,成为推动农村经济增长的重要力量。农村信用社通过不断优化贷款产品,提升服务质量,能够更好地满足农户的多样化金融需求,进而促进农村经济的繁荣发展。随着农村金融市场的日益开放和竞争加剧,农村信用社面临着前所未有的市场挑战。为了保持领先地位,农村信用社需要不断提升自身竞争力,加强内部管理,提高运营效率。这包括引入先进的技术手段,提升风险管理能力,以及加强人才队伍建设,提升员工的专业素养和服务水平。在提升竞争力的过程中,农村信用社还应注重创新,不断探索新的业务模式和服务方式,以适应农村金融市场的变化和农户需求的升级。

3. 农村信用社与小额信贷的创新途径

农村信用社与小额信贷的创新发展可通过探索多条有效途径以强化服务功能,促进农村经济的繁荣。一方面,争取外部支持至关重要,尽管有关部门与机制不直接参与,但可以通过积极沟通与合作,寻求在资金成本、贷款额度等方面的优惠条件,以降低农户的贷款负担,提升其融资可能性;另一方面,技术创新是推动农村信用社与小额信贷发展的关键。运用大数据、云计算、人工智能等现代科技手段,可以显著提高贷款审批的效率和准确性,同时加强风险管理,确保资金安全。这不仅缩短了贷款周期,还提高了服务的便捷性和满意度。此外,合作创新同样重要。农村信用社应与其他金融机构、社会组织建立广泛的合作关系,通过资源共享、优势互补,拓宽资金来源渠道，优化服务网络布局。这种合作模式有助于农村信用社扩大服务覆盖面，为更多农户提供便捷、高效的小额信贷服务，满足其多样化的金融需求。

第三节 农业风险管理与保险

一、农业风险管理方法

（一）农业风险识别与评估

在农业生产过程中，风险是一个无处不在的因素，可能源自多个方面，并对农作物产量、农民收益乃至整个农业产业链造成不利影响。为了有效降低这些风险带来的损失，进行风险识别与评估显得尤为重要。风险识别与评估工作主要聚焦于四大领域：自然灾害、市场风险、技术风险以及人为因素。自然灾害方面，包括洪涝、干旱、病虫害、霜冻等，这些自然灾害对农业生产构成直接威胁，需通过历史气象数据、地质资料分析等手段，识别其发生规律及潜在影响；市场风险则涉及农产品价格波动、市场需求变化等，需利用市场分析报告、价格走势图等工具进行评估；技术风险关乎种植技术、农机设备、新品种推广等，需通过专家咨询、试验田数据收集等方式，评估新技术的可行性和风险性；人为因素则包括管理不善、操作失误、盗窃破坏等，需通过实地调查、访谈农户、建立监控体系等方法，识别并评估其发生的可能性和后果。

（二）农业风险防范与控制

为有效防范与控制农业风险，应当加强农业基础设施建设。通过改善农田水利、道路交通等设施，提升农业生产的抗灾能力。优化农业产业结构亦不可或缺，依据市场需求和资源禀赋，合理调整种植、养殖结构，增强农业的综合竞争力。技术是推动农业发展的核心动力，提高农业技术水平，广泛应用现代农业科技，如智能灌溉、精准施肥、病虫害绿色防控等，能显著提高农业生产效率和风险抵御能力。建立健全农业管理制度，确保农业生产活动的规范化、标准化，是防范风险的长效机制。这包括完善农业市场信息服务体系，为农民提供及时准确的市场信息，指导其合理安排生产。加强对农民的风险教育同样重要，通过培训、宣传等方式，提升农民对自然灾害、市场波动等风险的认知，增强其风险防范意识和应对能力。使农民能够在风险初现端倪时，迅速识别并采取科学合理的措施，如调整种植结构、储存农产品、利用农业保险等手段，有效减轻风险带来的损失。

（三）农业风险分散与转移

1. 风险分散策略

实施农业产业结构调整是风险分散的重要手段之一。通过发展多种经营，如种植业与养殖业相结合，或在不同季节种植不同农作物，可以有效避免因某一农作物受灾或市场需求波动而导致的严重损失。这种多样化的经营策略能够提升农业系统的整体抗风险能力。加强地区间合作也是实现风险分散的有效途径。通过资源共享，如技术交流、市场信息共享、联合采购与销售等，可以降低生产成本，拓宽销售渠道，增强市场议价能力，从而减轻市场风险。地区间合作还能促进农业技术的推广与应用，提高农业生产效率，进一步降低技术风险。利用金融工具进行风险对冲，是现代农业风险管理中不可或缺的一环。期货、期权等金融工具能够为农业生产者提供价格保障，锁定未来销售价格或采购成本，有效规避市场价格波动带来的风险。通过合理运用这些金融工具，农业生产者能够在一定程度上固定利润，保障收入稳定。

2. 风险转移工具

风险转移作为一种有效的风险管理策略，在农业领域发挥着重要作用。它旨在通过将农业风险转嫁给其他经济主体，来减轻农民和农业企业的风险负担。在这一机制中，农业保险占据了核心地位，成为最常见且直接的风险转移工具。农业保险通过为农业生产提供财产、责任及收益等方面的保障，能够在自然灾害、病虫害、市场波动等风险事件发生时，为农民提供经济补偿，从而稳定其生产预期，增强抵御风险的能力。除了农业保险，期货、期权等金融衍生品也是风险转移的重要手段。这些工具利用市场机制，为农民提供了锁定价格、规避未来价格波动风险的途径。通过参与期货、期权交易，农民可以在当前价格有利时锁定销售价格，或在预期价格不利时对冲风险，实现风险的提前管理和转移。进一步地，一些创新性的金融工具，如基于农业项目的融资、风险投资基金等，也在风险转移中扮演着重要角色，通过提供资金支持、分担风险等方式，促进了农业生产的稳定性和可持续性。

二、农业保险原理与实践

（一）农业保险的定义与功能

农业保险作为一种专为农业生产量身定制的风险管理工具，其设计初衷是为农业生产过程中可能遭遇的自然灾害、意外事故等不可预见的风险提供坚实的经济保障。这一保险制度的核心功能，在于构建一种风险共担的机制，通过集合众多农业生产者的力量，共同抵御风险，有效降低单个农业生产者所面临的风险损失。这种风险的分散与共担，不仅为农业生产者提供了经济上的安全感，也为农业生产的稳定和农村经济的持续健康发展奠定了坚实的基础。

进一步而言，农业保险能够鼓励农业生产者采用新技术、新设备，提高农业生产效率。因为即便在采用新技术过程中遭遇风险，也有保险作为后盾，减轻经济损失。这种保障机制，无疑增强了农业生产者进行技术创新的信心和动力。在遭遇自然灾害或意外事故时，农业保险的赔偿能够迅速到位，帮助农业生产者渡过难关，恢复生产，从而确保农民收入的稳定。

（二）农业保险的分类与运作

机制性农业保险虽强调有关部门引导与支持，却并非完全依赖有关部门运营，而是通过与保险公司合作，为农业生产提供基础性的风险保障，确保农业生产的平稳运行。相对而言，商业性农业保险则完全由保险公司根据市场原则运作，以追求利润为目标，为农民提供更为灵活多样的保险产品选择。合作性农业保险则融合了前两者的特点，通常由农民合作社等自发组织发起，既体现了农民的自主性，又能在一定程度上使其享受规模效益，降低保险成本。农业保险的运作流程是一个复杂而精细的系统，首先需要对农业生产面临的各种风险进行全面评估，这包括自然灾害、病虫害、市场波动等多个方面；其次，基于风险评估的结果，保险公司会设计相应的保险产品，明确保险责任、赔偿范围及条件；再次，保险费率的制定则是保险产品设计中的关键环节，它需平衡保险公司的风险承担能力与农民的保费支付意愿；最后，当风险事件发生时，保险公司需迅速响应，进行保险理赔，确保农民能够及时获得经济补偿，恢复生产。

（三）农业保险产品设计

1. 保险责任与赔偿

保险责任在设计过程中，需全面覆盖农业生产过程中可能遭遇的各种风险，包括但不限于自然灾害如洪水、干旱、冰雹、病虫害等，以及意外事故如火灾、机械故障、盗窃等，这些都可能对农业生产造成重大损失。因此，保险责任条款的制定必须详尽且明确，确保农业生产者在面对这些风险时，能够得到保险的有效保障。赔偿金额的计算应基于保险合同的明确约定，同时紧密结合实际损失程度，包括农作物的减产、绝收，农业设施的损坏，以及因灾害或事故导致的额外支出等。赔偿金额的设定需公平、合理，既要能够充分补偿农业生产者的经济损失，又要避免过度赔偿导致的保险成本上升。此外，赔偿的及时性也是衡量农业保险产品质量的重要指标。农业生产者在遭遇风险后，往往急需资金进行恢复生产。因此，保险公司应建立快速、高效的赔偿机制，确保赔偿款能够及时到位，帮助农业生产者迅速恢复生产，减少损失。在农业保险产品的设计过程中，还需充分考虑农业生产的地域性、季节性特点，以及不同农作物的生长周期和风险特性，制定差异化的保险责任和赔偿范围。此外，保险公司还应加强与农业生产者的沟通，了解其实际需求，不断优化产品设计，提高保险产品的针对性和实用性。

2. 保险费率与保险期限

合理制定保险费率是确保农业保险可持续发展和有效运行的关键要素，在设定前，需综合考量多方面因素，以达到既保障农民利益又维持保险公司稳健经营的目标。农业生产的风险程度是费率制定的基础，不同地区、不同农作物面临的自然灾害、病虫害等风险各异，因此费率应体现这种差异性。历史损失数据为费率制定提供了重要参考。通过分析过往的损失记录，可以评估未来可能发生的损失概率和程度，从而科学设定费率水平。保险公司的经营成本也是不可忽视的因素，包括产品设计、销售推广、理赔服务等环节的费用，都需在费率中合理体现。为保持农业保险的吸引力，费率还需考虑农民的支付能力，确保保费水平适中，不会给农民造成过重的经济负担。此外，保险期限的设置对于农业保险的保障效果至关重要。它需紧密围绕农作物的生长周期和农业生产的特点来安排，确保保险覆盖农作物从播种到收获的全过程，特别是关键生长期和易受灾时段，从而提供全面有效的风险保障。

(四) 农业保险的推广与应用

1. 农业保险的宣传教育

提升农业保险普及率，关键在于提高农民对于保险的认知与接受度，这要求相关部门及保险公司必须加大宣传力度，多渠道、多形式地推广农业保险知识。通过电视、广播、报纸等传统媒体，结合互联网、社交媒体等新兴平台，广泛宣传农业保险的重要性及其在实际农业生产中的风险缓解作用，让农民了解保险如何成为他们抵御自然灾害、意外事故等风险的坚实后盾。宣传内容应深入浅出，既要介绍农业保险的基本概念、种类、保险责任与赔偿范围，也要通过具体案例展示保险在灾后恢复生产、减少经济损失方面的实际效果，增强说服力。注重提升农民的风险意识，让他们认识到农业生产中潜在的各种风险，以及这些风险可能带来的严重后果，从而激发他们购买保险的内在需求。此外，保险公司还应积极开展线下宣传活动，如组织农业保险知识讲座、现场咨询会等，面对面解答农民的疑问，消除他们对保险的误解和顾虑。这些互动不仅可以增进农民对保险的了解，还能提升他们对保险公司的信任度,为后续的保险销售打下良好基础。在宣传过程中,还应注重创新宣传方式,如利用动画、短视频等农民喜闻乐见的形式,使保险知识更加生动有趣,易于接受。

2. 农业保险的服务与理赔

优化农业保险服务,尤其是提高理赔效率,是推动农业保险广泛普及与深入发展的关键所在。保险公司作为服务提供者,承担着简化理赔流程、加速理赔进程的重要职责,以确保农业生产者在面对自然灾害、病虫害等风险导致的损失时,能够迅速获得经济赔偿,减轻生产压力,及时恢复生产。为实现这一目标,保险公司需对理赔流程进行全面梳理与优化,去除不必要的环节,采用电子化、信息化手段提高处理效率。例如,通过移动应用、在线平台等方式,让农民能够方便快捷地提交理赔申请,上传相关证明材料,实现理赔申请的即时受理。保险公司应建立高效的查勘定损机制,运用现代科技手段如遥感技术、无人机勘查等,快速准确地评估损失,缩短定损时间。此外,加强理赔人员的专业培训,增强其业务能力和服务意识,也是提高理赔效率的关键。理赔人员需熟悉农业保险机制、理赔标准及流程,能够迅速响应农民的需求,提供专业、耐心的指导与服务,确保理赔过程顺畅无阻。

3. 农业保险的市场拓展与创新

随着农业现代化进程的加速和农村经济的蓬勃发展,农业保险市场正展现出前所未有的巨大潜力。保险公司作为市场的主体,应敏锐捕捉这一趋势,不断创新保险产品,拓展农业保险市场的广度和深度。针对农业生产者的多样化需求,保险公司可以开发如农业信贷保险、农产品价格保险等新型险种。农业信贷保险能够为农民提供贷款风险保障,降低其因自然灾害或市场波动导致的还款压力;农产品价格保险则能帮助农民锁定销售价格,规避市场价格波动风险,保障其收入稳定。除了产品创新,保险公司还应注重服务优化,提高农业保险的投保、理赔等环节的便捷性和效率,提升农民的保险体验,通过简化投保流程、缩短理赔周期等措施,让农民更加愿意接受和购买农业保险。在农业保险市场的发展过程中,虽不直接提及有关部门角色,但市场的繁荣离不开良好的外部环境。相关方面可以通过提供财政补贴、税收优惠等间接方式，鼓励和支持农业保险市场的发展，降低农民购买保险的成本，提高其参保积极性。

第四节　金融服务体系完善策略

一、农村金融服务体系构建策略

（一）提升金融服务覆盖面

1. 建立多层次金融服务网络

提升农村金融服务覆盖面需精心打造一个涵盖机制性银行、商业银行、农村合作金融机构、小额贷款公司及担保公司的多元化金融服务网络。机制性银行应扮演引领角色，通过提供专项贷款和优惠利率，为农村发展注入强劲动力，支持农业生产和基础设施建设。商业银行则需调整市场策略，增设农村服务网点，运用现代科技如移动支付、网上银行，让金融服务跨越地域限制，惠及更多农村居民。农村合作金融机构，作为农村金融的中坚力量，应持续创新，推出贴合农民需求的金融产品，如小额信贷、农业保险，以灵活高效的服务助力农村经济。小额贷款公司以其快速响应和灵活机制，为农村小微企业和农户提供融资便利，缓解资金瓶颈。担保公司则通过信用增级，降低贷款风险，促进资金向农村顺畅流动。优化金融机构布局，加大基层金融服务站点建设力度，是关键所在，应设立更多金融服务便利店、自助服务终端，确保偏远地区也能享受到便捷金融服务。

2. 加强金融基础设施建设

在金融基础设施的升级过程中，农村地区基础金融服务涵盖了支付、结算、信贷及保险等多个方面，旨在确保农村居民能够便捷、安全地享受金融服务。支付体系的完善是基础，需推动数字化支付工具在农村的广泛应用，以替代传统的现金交易，提高资金流转的效率。结算机制的优化同样关键。

通过简化流程、提升速度，可以大幅降低交易成本，促进农村经济的活跃发展。对于信贷服务的普及，应设计符合农民需求的信贷产品，降低融资门槛，拓宽融资渠道，为农业生产和农村小微企业提供有力的资金支持。保险服务的深入也是保障农村经济稳定的重要一环，需推广适合农村特点的保险产品，提高农民的抗风险能力。

3. 创新金融产品与服务方式

针对农村土地资源丰富的特点，推广农村土地经营权抵押贷款，让农户能以土地经营权为抵押，获得生产所需资金，既盘活了土地资源，又解决了融资难题。考虑到农产品流通中的资金占用问题，创新农产品仓单质押贷款，农户可将存储的农产品仓单作为质押物，获取贷款用于生产经营，有效缓解资金压力。此外，针对农村小微企业和农户经营规模小、抗风险能力弱的特点，金融机构应设计小额、分散、灵活的信贷产品，降低融资门槛，提高服务覆盖面。结合农村产业特点，开发特色农业保险，为农户提供风险保障，稳定农业生产预期。利用金融科技手段，如大数据分析，精准评估农户信用状况，提供个性化金融服务方案，提高服务效率和满意度。此外，金融机构还应加强农村金融服务知识普及，提高农民金融素养，引导其合理利用金融工具，促进农村金融生态的健康发展。通过设立金融服务咨询点、开展金融知识讲座等方式，让农民了解金融产品和服务，增强其金融风险防范意识。

（二）优化金融资源配置

1. 推动金融资源向农村倾斜

在金融资源配置的优化中，鼓励金融机构增加对农村地区的投入是促进农村经济发展的重要举措。这就要求金融机构认识到农村市场的巨大潜力，主动调整业务布局，将更多金融资源引导至农村地区。通过增加农村金融机构的数量和规模，扩大服务覆盖面，可以更有效地满足农村居民和农业生产的金融需求。为了降低金融机构在农村市场的运营成本，提高其服务农村的积极性，需要采取一系列措施。财政支持是其中不可或缺的一环，可以通过提供补贴、税收优惠等财政机制，减轻金融机构在农村地区的财务负担。此外，还可以通过建立风险分担机制，如农业保险、信贷担保等，降低金融机构在农村地区开展业务的风险，增强其服务农村的信心。

2. 引导金融机构下沉服务

金融机构在拓展农村金融服务过程中，应积极主动将服务网点向农村基层延伸，以此增加农村金融服务的覆盖面，确保更多农村居民能够享受到便捷的金融服务。这一举措对于提升农村金融服务水平、促进农村经济社会发展具有重要意义。为了实现这一目标，金融机构可以采取多种措施。一方面，可以在农村地区增设营业网点和自助服务设备，如 ATM 机、POS 机等，方便农民进行存取款、转账等基础金融服务；另一方面，可以优化金融服务流程，简化手续，提高服务效率，让农民在享受金融服务时更加便捷。除了延伸服务网点外，金融机构还可以通过设立专项贷款、降低贷款利率等方式，支持农村小微企业、合作社等经营主体的发展。针对农村小微企业融资难、融资贵的问题，金融机构可以推出专门针对小微企业的贷款产品，提供优惠的贷款利率和灵活的还款方式，帮助小微企业解决资金难题。

3. 提高金融服务效率

烦琐的审批流程往往成为制约农村经济发展的瓶颈。因此，金融机构需要优化内部管理机制，减少不必要的审批环节，确保贷款能够及时、快速地发放到农民手中。这不仅能够满足农民的资金需求，还能够提高金融机构的服务质量和效率。加强金融业务培训也是提升农村金融服务水平的关键。由于农村地区金融服务人员相对较少，且业务水平参差不齐。因此，金融机构需要加大对农村金融服务人员的培训力度。通过定期组织业务培训、技能提升等活动，提高服务人员的专业素质和业务能力，使他们能够更好地为农民提供优质的金融服务。

（三）增强金融服务可持续发展能力

1. 加强金融风险防控

金融机构应加强内部控制，完善风险管理机制，确保金融业务操作规范、合法。通过设立风险预警系统，实时监测农村金融市场动态，及时发现和处置潜在风险，防止风险累积和扩散。监管部门应加大对金融机构的监管力度，定期开展现场检查和非现场监测，确保金融机构合规经营。对于违反法律法规、损害农民利益的金融行为，要依法严厉打击，维护农村金融秩序。在提高农村金融风险防控能力的同时还需注重提升农村居民的金融素养。通过开展金融知识宣传教育活动，普及金融基础知识、法律法规和风险防范技能，帮助农村居民树立正确的金融观念，提高其识别和防范金融风险的能力。此外，金融机构和监管部门还应加强与农村居民的沟通互动，建立有效的信息反馈机制，及时了解农村居民的金融需求和风险诉求，为其提供更加贴近实际、更加优质的金融服务。

2. 培育农村金融人才

为了提升农村金融服务队伍的专业素质，必须加大农村金融人才的培养力度。这可以通过多种途径实现，包括内部培训、外部引进以及与高校、研究机构的合作。

内部培训是提升现有金融服务人员专业素质的有效途径。金融机构可以定期组织专业知识、业务技能等方面的培训，确保服务人员能够熟练掌握金融业务知识和操作流程，提高服务质量和效率。

外部引进则是补充农村金融人才的重要手段。通过吸引具有丰富经验和专业素养的金融人才加入农村金融服务队伍，可以快速提升整体服务水平。这也有助于引入新的服务理念和技术手段，推动农村金融服务的创新。

此外，鼓励金融机构与高校、研究机构合作，共同培养一批熟悉农村市场、具备专业素养的金融人才。这种合作可以充分利用高校和研究机构的教育资源和研究实力，为农村金融人才培养提供有力支持。

3. 推动金融科技创新

金融机构应积极响应农村金融服务需求，充分运用金融科技手段，以提高农村金融服务的便捷性和效率。发展农村数字金融是其中的重要方向，通过利用大数据、区块链等先进技术，可以显著降低金融服务成本，同时提升农民的金融服务体验。大数据技术的应用，能够让金融机构更精准地了解农民的金融需求和风险状况，从而为其提供更加个性化的金融产品和服务。而区块链技术的引入，则能够增强金融交易的透明度和安全性，降低交易成本和风险，提高金融服务的可信度和效率。此外，金融机构还应积极推广移动支付、网上银行等电子渠道，让农民能够随时随地享受便捷的金融服务。通过简化业务流程、优化服务界面，提高金融服务的便捷性和友好性，进一步降低农民使用金融服务的门槛。

二、农村金融服务体系完善路径

（一）农村金融机制环境优化

1. 加强法律法规建设

在对现有金融法律法规的修订与完善中，应特别关注农村金融服务领域的空白和不足之处，通过立法手段予以填补和规范。这包括明确农村金融机构的法律地位、规范其业务范围和运营行为，以及保护农村金融消费者的合法权益等方面。要确保法律法规的有效实施，必须加大对农村金融违法行为的惩处力度。针对农村金融市场中存在的违法违规行为，如非法集资、诈骗、违规放贷等，应依法进行严厉打击，维护农村金融市场的秩序和稳定。这要求相关监管部门加大执法力度，提高违法成本，让违法者付出应有的代价。

2. 营造公平竞争环境

为促进农村金融市场的健康发展，需消除金融机构在农村市场的行政壁垒。通过降低市场准入门槛，为各类金融机构进入农村市场提供便利。此举旨在鼓励多元化金融机构参与农村金融服务，形成良性竞争环境，推动金融服务的创新和优化。消除行政壁垒应加强对农村金融市场的监管，确保市场公平竞争。监管部门需建立健全监管机制，对金融机构的市场行为进行严格规范，防止不正当竞争和垄断行为的发生。通过加强市场监管，可以维护农村金融市场的秩序，保障农民和金融机构的合法权益。在降低市场准入门槛和加强监管的基础上，还需进一步推动农村金融市场的开放和合作。鼓励金融机构之间开展业务合作，共享资源和技术，提高金融服务的覆盖面和效率。加强与外部市场的联系，引入更多优质金融资源，为农村金融市场注入新的活力。

3. 引导金融资源合理配置

引导金融机构加大金融资源投入，鼓励金融机构调整业务布局，将更多资源倾斜至农村地区，特别是那些经济发展相对滞后的贫困区域。通过设立专项基金、提供税收优惠等激励方式，可以激发金融机构服务农村的积极性，促进金融资源向农村流动。引导金融资源合理配置是提升农村金融服务效能的关键。这意味着要加大对农村基础设施建设的金融支持，如水利、交通、信息网络等，这些基础设施的改善将为农村经济发展奠定坚实基础。此外，还应重点支持农业产业化项目，通过提供信贷、保险等金融服务，促进农业现代化进程，提高农业生产效率和附加值。农村中小企业作为农村经济的重要组成部分，同样需要金融资源的支持。金融机构应针对农村中小企业的特点，设计符合其需求的金融产品和服务，如小额信贷、供应链金融等，帮助它们解决融资难、融资贵的问题，推动其健康、快速发展。

（二）农村金融市场体系建设

1. 完善市场准入与退出机制

完善农村金融市场准入与退出机制，是提高市场效率、防范金融风险的重要举措。在市场准入方面，应着力简化程序，降低金融机构进入农村市场的门槛。通过优化审批流程、减少不必要的行政干预，为金融机构在农村市场开展业务创造便利条件。这有助于吸引更多金融机构进入农村市场，增加金融供给，提高金融服务覆盖面。完善金融市场退出机制也至关重要。对于经营不善、风险较高的金融机构，应及时采取措施，引导其有序退出市场，避免风险扩散和传染。退出机制的建立，有助于维护金融市场的稳定和健康发展，保护农民和金融机构的合法权益。在实施市场准入与退出机制的过程中，应加强监管和风险防范，监管部门应密切关注金融机构的经营状况和风险状况，及时发现和处置潜在风险。

2. 促进金融市场多元化发展

为激发农村市场的金融活力，要求金融机构不断创新金融产品和服务，以灵活多样的形式满足农村市场日益增长的金融需求。例如，可以开发针对农户的小额信贷产品，提供便捷的支付结算服务，以及推出符合农村特点的保险产品，从而全面覆盖农村金融服务的各个环节。推动金融与农业产业链的深度融合是提升农村金融服务质量的关键。金融机构应深入了解农业产业链的运行规律，为农业生产、加工、销售等环节提供全方位的金融服务。通过金融支持，促进农业产业链的延伸和升级，提高农业的整体效益和竞争力。此外，金融机构还应积极拥抱农村电商这一新兴领域，随着互联网的普及，农村电商正逐渐成为推动农村经济发展的重要力量。金融机构可以为农村电商提供支付结算、融资支持、风险管理等金融服务，助力其拓展市场、提高运营效率。

3. 加强金融消费者权益保护

建立健全金融消费者权益保护制度，加强对农村金融消费者的教育和培训。通过举办金融知识讲座、发放宣传资料等方式，普及金融基础知识，提高农民的金融素养，使其能够更好地理解和运用金融工具，防范金融风险。提升消费者金融素养必须加大对金融欺诈、侵犯消费者权益等行为的打击力度。对于发现的金融欺诈行为，要依法严惩，绝不姑息，以儆效尤。要建立完善的投诉处理机制，确保农村金融消费者的投诉能够得到及时、有效的处理，切实维护其合法权益。金融机构也应承担起保护消费者权益的责任，加强内部管理，完善业务流程，确保在提供金融服务的过程中，充分尊重消费者的知情权、选择权、公平交易权和隐私权等合法权益。

（三）社会力量参与农村金融服务

1. 加强农村金融与社会组织的合作

金融机构与社会组织的合作模式能够充分发挥双方的优势，共同推进农村金融的深入发展。金融机构拥有资金和专业金融服务的优势，而社会组织则深入农村基层，了解农民的实际需求。金融机构与农村合作社的合作，可以为农民提供更加贴近生产生活的金融服务。例如，通过合作社的平台，金融机构可以推广小额信贷产品，帮助农民解决生产资金短缺的问题。合作社也可以借助金融机构的力量，提升自身的金融服务水平，为成员提供更加全面、便捷的金融服务。与扶贫基金会的合作，则是金融机构参与金融扶贫的有效途径。金融机构可以为扶贫基金会提供资金支持，帮助其开展扶贫项目。扶贫基金会也可以为金融机构提供扶贫贷款的风险分担机制，降低金融机构的扶贫贷款风险。

2. 发挥金融科技在农村金融服务中的作用

积极引入大数据、云计算、人工智能等前沿技术，能够显著提升农村金融服务的便捷性和覆盖面，使农民能够更加便捷地获取所需金融服务。通过大数据分析，金融机构可以精准掌握农民的金融需求，为他们提供个性化的金融产品和服务。云计算技术的应用，则使得金融服务可以跨越地域限制，实现资源的优化配置。而人工智能的引入，更是能够提升金融服务的智能化水平，降低运营成本，提高服务效率。然而，金融科技创新也带来了新的风险挑战。为了保障农村金融的稳定发展，必须加强金融科技监管。这包括建立完善的监管机制，确保金融科技创新在合法合规的框架内进行，还需要加强对金融科技风险的监测和预警，及时发现和处置潜在风险。

第六章　农村基础设施与产业升级关联

第一节　农村交通信息网络升级

一、农村交通信息网络现状分析

（一）基本情况

在我国农村地区，交通信息网络作为基础设施建设的关键一环，近年来已取得了一定进展。农村交通信息网的改善过程标志着农村地区在交通发展上的积极步伐，初步构建起以县道、乡道为骨干框架，村道作为补充支线的道路网络体系，为农村居民的交通出行提供了更为便捷的通道。与此同时，随着信息技术的飞速进步，特别是互联网与大数据技术的广泛应用，部分农村地区紧跟时代步伐，开始探索并实践利用现代信息技术手段来提高交通服务的质量与效率。这些尝试不仅促进了交通信息的快速流通，还有效提高了交通管理的智能化水平。尽管如此，从整体发展视角审视，农村交通信息网络的建设仍面临诸多挑战，与城市地区相比，其发展程度相对较低，存在着较为显著的差距。这主要体现在交通信息网络的覆盖范围、技术应用的深度与广度，以及信息服务的便捷性和全面性等方面。由于地理、经济等多方面因素的制约，农村地区交通信息网络的建设与完善仍需克服重重困难，应加大农村地区投入力度,推动技术创新与应用,以逐步缩小与城市之间的差距。

(二) 存在问题

1. 基础设施薄弱

众多农村区域面临网络覆盖的局限性挑战。信号强度的不稳定成为信息传递的一大障碍,导致信息流通受阻,难以实现顺畅交流。在偏远山区,复杂多变的地理环境对网络建设构成了严峻考验,加剧了信号盲区的问题,使得这些区域的信息获取变得尤为困难。这种局面直接影响到农村居民获取交通信息的时效性,使得他们难以及时掌握最新的交通动态,从而限制了农村交通信息化的发展步伐。农村地区现有的交通信息网络设备普遍存在陈旧老化的问题,更新换代的速度远远滞后于实际需求的发展。这些过时的设备不仅无法满足现代交通信息传输对高效性和即时性的要求的发展,还大大降低了信息传输的效率与质量。陈旧的基础设施成为制约农村交通信息网络向更高水平发展的瓶颈,阻碍了农村交通信息化进程的推进。信号覆盖不足与设备陈旧双重因素叠加,进一步拉大了城乡交通信息化的差距。农村居民在享受交通信息服务时,往往面临更多的不便与限制,这不仅影响了他们的日常出行,也制约了农村经济的活力与发展潜力。

2. 信息整合与共享不足

现有的农村交通信息网络大多局限于路况查询、公交信息发布等基本服务,而在更为智能化、个性化的服务领域,如智能导航、实时路况预警及综合交通规划等方面,其发展尚显滞后。这种服务内容的单一性,直接限制了农村交通信息网络在提高农村居民出行效率与便捷度上的潜力。更进一步,农村交通信息网络的应用场景拓展不足,也是制约其发挥更大作用的重要因素。目前,农村交通信息网络的应用往往脱离了农村生活的实际,缺乏与农业生产、农村日常生活紧密相关的创新应用。例如,未能有效整合农村物流、农产品销售等信息,为农村居民提供更为全面的交通与物流解决方案;也未能在乡村旅游、农村电商等新兴领域发挥应有的作用,促进农村经济的多元化发展。由于服务与应用水平的不足,农村交通信息网络在提升农村居民生活质量、促进农村经济发展等方面的作用被大大削弱。农村居民在出行时，难以获得准确、及时的交通信息，影响了出行的便捷性与安全性；农村交通信息网络未能充分挖掘和利用农村交通数据，为农村经济的转型升级提供有力支撑。

3. 服务与应用水平不高

农村交通信息网络的服务与应用水平尚处于初级阶段，难以充分满足农村居民日益增长的多样化需求。当前，该网络主要局限于提供基本的路况查询、公交信息查询等服务，而在更为智能化、个性化的服务领域，如智能导航、实时路况预警、综合交通规划等方面，尚存在明显的不足与缺失。这种服务内容的单一性，使得农村交通信息网络在应对农村居民复杂多变的出行需求时显得力不从心。农村交通信息网络的应用范围也显得较为狭窄，缺乏与农村生活、生产实际紧密结合的创新应用。在农业现代化、乡村旅游、农村电商等新兴领域，交通信息网络本应发挥重要作用，但由于服务与应用水平的限制，其潜力远未得到充分挖掘。这种现状与农村居民对便捷、高效交通信息服务的期待存在较大差距，也制约了农村交通信息网络在提升农村居民生活质量、促进农村经济发展等方面应有的积极作用。

（三）升级的必要性

1. 促进农村经济快速发展

交通信息网络作为城乡之间沟通的桥梁，对于加速农村经济转型升级具有不可替代的作用。升级后的交通信息网络将实现信息的高效传输，为农产品的快速流通提供有力支持。这不仅能够显著缩短农产品从产地到市场的时间，减少损耗，还能有效降低物流成本，使得农产品在市场上的价格更具竞争力，进而增加农民的收入。农村交通信息网络的升级，还将为农村引入更多的外部资源。信息的畅通无阻，将使得外部投资者和技术提供者更容易了解到农村的市场和消费需求，从而吸引更多的资金和技术流入农村。这将为农村产业的多元化发展提供强大的动力，推动农村经济从单一的农业种植向加工、销售、旅游等多元化方向转变，为农民增收创造更多的机会和途径。

此外，农村交通信息网络的升级，还将促进农村社会的整体进步。信息的快速传播，将使得农村居民能够更及时地了解到外部世界的动态，拓宽他们的视野，提升他们的素质和能力。

2. 提升农民生活质量

在信息时代背景下，农民对信息的需求越发强烈，交通信息网络作为信息传递的重要渠道，其升级显得尤为重要。一个高效、先进的交通信息网络能够为农民提供更加丰富、及时的信息资源，涵盖市场动态、农业技术、法律法规等多个方面。这不仅有助于农民及时把握市场动态，调整种植结构，提高农业生产效益，还能促进他们学习新知识、新技术，提升个人生产技能和综合素质，为农村经济的持续发展注入新的活力。农村交通信息网络的升级还能有效促进农村文化、教育、医疗等公共服务资源的共享。通过网络平台，农民可以更加便捷地获取文化娱乐资源，丰富精神生活；可以远程接受教育培训，提升自身素质；还可以享受在线医疗服务，解决看病难、看病贵的问题。这些服务资源的共享，有助于缩小城乡公共服务差距，让农民享受到更加均衡、优质的社会服务，从而提升他们的幸福感和满意度。因此，农村交通信息网络的升级是提升农民生活质量、促进农村全面发展的重要举措。需要加大投入力度，完善网络基础设施，提升网络覆盖率和传输速度；还要注重服务内容的创新和丰富，满足农民多样化的信息需求。

3. 增强农村社会治理能力

农村交通信息网络的升级使得信息收集与反馈变得更为高效，能够更为准确地捕捉民情、民意，及时理解并响应农民的需求与诉求。这样的改变有助于决策层制定更加贴近农村实际、更具针对性的发展策略，从而更好地服务于农村社会。农村交通信息网络的技术升级为农村社会治理提供了强大的技术支持。借助大数据分析，可以更为精确地实施精准扶贫，确保资源能够真正投放到最需要帮助的人群中。在环境监测方面，升级后的网络也能发挥重要作用，通过实时监测数据，及时发现并解决环境问题，保护农村生态环境。除此之外，升级后的农村交通信息网络还显著提升了农村地区的安全防范能力。网络平台的完善，使得安全信息的传递更为迅速，有助于及时发现并处理安全隐患,为农民创造一个更加安全、稳定的生活环境。在网络的支持下,农村地区的应急响应速度得到加快,对于自然灾害、突发事件的应对能力也相应提高。

二、农村交通信息网络升级策略

(一) 技术创新应用

随着信息技术的日新月异,农村交通信息网络的升级必然需要依托技术创新的力量来推动。大数据、云计算等前沿技术的融入,为农村交通信息网络带来了前所未有的变革机遇。通过对农村交通数据进行深度挖掘与分析,可以揭示出交通流量的规律、拥堵的热点区域以及交通事故的潜在风险,从而为农村居民提供更加精准、实时的交通信息服务。这种基于数据的决策支持,有助于优化交通资源的配置,提高交通运行的整体效率。物联网技术的应用,则进一步推动了农村交通的智能化进程。通过为交通工具和交通设施安装智能传感器,可以实现它们之间的智能互联,形成一个庞大的交通信息网络。这样,不仅可以实时监控交通工具的运行状态,及时发现并处理潜在的安全隐患,还可以根据交通流量的实时变化,动态调整交通信号的配时,确保交通的顺畅与安全。人工智能技术的引入,更是为农村交通信息网络增添了新的智慧。利用人工智能算法,可以对交通拥堵、事故等突发情况进行智能预测和预警。通过分析历史数据,结合实时的交通信息,算法可以准确判断出未来一段时间内可能出现的交通问题,从而提前采取措施进行干预。这种具有预见性的管理,大大降低了交通事故的发生概率,保障了农村交通的安全与畅通。

(二) 提高服务水平的措施

一方面,农村交通基础设施的完善是基础中的基础。这要求加大对道路建设的投入力度,不仅在于扩大道路规模,还在于提升道路质量,确保农村居民出行的安全与舒适。高质量的道路建设能够有效降低交通事故发生率,为农村居民提供更加可靠的出行环境。另一方面，优化交通组织管理同样至关重要。这包括合理规划交通路线，确保交通路线的顺畅，避免不必要的绕行和拥堵。提高交通信号灯的智能化水平，通过智能交通系统实现交通信号的自动调整，根据实时交通状况灵活控制红绿灯时间，从而有效减少交通拥堵现象，提升道路通行能力。公共交通服务的加强也是提升农村交通信息网络服务水平的关键一环。这意味着要扩大农村公交线路网的覆盖面，确保更多农村居民能够享受到公共交通的便利。提高公交车的运营效率，通过合理的调度和管理，使农村居民减少等待时间，提高乘坐体验，更加愿意选择公共交通出行。此外，开展交通信息服务普及工作同样不可忽视。由于信息素养的差异，部分农村居民可能难以充分利用交通信息网络。因此，需要通过培训和教育，提高农村居民的信息素养，使他们能够熟练掌握交通信息网络的使用方法，从而更好地获取交通信息，规划出行路线，享受信息化带来的便利。

（三）升级路径选择

1. 明确升级目标：高效、安全、便捷

农村交通信息网络升级的首要且核心任务是确立清晰的目标。这一目标具体指向服务的高效性、安全性与便捷性。高效性，简而言之，就是要求信息网络在信息传输速度和处理能力上达到高水平，确保农村居民在查询交通信息、规划出行路线时能够迅速获得准确结果，满足其日益增长的对交通信息的即时需求。这背后，需要强大的技术和不断优化的系统来支撑，确保信息的顺畅无阻。

安全性，则是农村交通信息网络升级的另一重要维度，要求网络必须构建起坚固的防护屏障，采用先进的加密技术和安全协议，有效抵御外部攻击和内部泄漏的风险，确保所有传输和存储的数据完整无误，不被非法访问或篡改。这是保护农村居民隐私、维护网络信息秩序、建立用户信任的基础。

便捷性，则更多地体现在用户体验层面，要求农村交通信息网络在用户界面设计上注重友好性，操作逻辑简单直观，即便是初次使用的用户也能轻松上手。服务应当具备个性化特点，能够根据用户的偏好和历史行为，智能

推荐最适合的交通方案,让农村居民在享受信息服务的过程中感受到便捷与贴心。

2. 逐步推进:从基础好的地区开始

农村交通信息网络的升级是一个系统性工程,需要科学规划,逐步推进。选择基础设施较好的农村地区作为升级的起点是一种行之有效的策略。这些地区往往网络覆盖范围较广,硬件设备相对较新,因此升级的技术难度和所需投入相对较小。在这样的地区先行升级,可以更快地见到成效,积累成功经验,为后续更大范围的升级奠定坚实基础。当基础设施较好的农村地区成功实现交通信息网络的升级后,其带来的便利和效益将直观展现给其他农村地区。这将激发其他地区的升级意愿,促使它们主动寻求升级机会,进而形成良性循环。先行升级的地区还可以为其他地区提供宝贵的经验和教训,帮助它们更顺利地完成升级过程。此外,逐步推进升级还有助于合理分配资源。一次性投入过大不仅可能造成资金浪费,还可能因为技术不成熟、需求不明确等原因导致升级效果不佳。而逐步推进则可以根据实际情况和需求,有计划地分配资源,确保每一阶段的升级都能取得实效。

3. 有关部门引导与市场运作相结合

在农村交通信息网络升级过程中,有关部门引导与市场运作的协同作用显得尤为重要。有关部门虽不直接参与市场运作,但可通过提供资金支持和构建有利的外部环境的方式,为升级工作铺设坚实基础。这包括但不限于投资基础设施建设,如提升网络带宽、增设信息传输设备等,以强化农村交通信息网络的物理基础。有关部门还可通过制定相关法规和标准,保障网络信息的安全与合规,为市场运作设定清晰框架。市场机制能够高效调配资源,确保资金、技术和人才流向最需要的环节。鼓励社会资本参与升级建设,不仅能够减轻有关部门财政压力,还能激发市场活力,促进技术创新和服务优化。社会资本的引入,可带来先进的运营理念和技术手段,推动农村交通信息网络向更高水平发展。有关部门引导与市场运作的结合,有助于形成良性发展机制。有关部门通过设定目标和规划,为市场提供明确方向;市场则通过竞争和合作,不断优化资源配置,推动升级工作高效进行。这种协同作用,既能够保障升级工作的顺利进行,又能够确保升级成果符合农村居民的实际需求,提高农村交通信息网络的服务质量和效率。

4. 鼓励创新与合作

农村交通信息网络的升级进程中,鼓励创新主要包括引入社会资本,借助市场的力量推动网络建设与服务优化。社会资本不仅能为农村交通信息网络升级提供必要的资金支持,还能带来先进的管理经验和商业模式,促进网络服务的市场化和专业化。积极引入科技创新成果,如大数据、云计算、人工智能等,能够显著提升网络的信息处理能力和智能化水平,为农村居民提供更加便捷、高效的服务。在鼓励创新的同时,还应注重技术创新与模式创新的结合。通过技术创新,可以不断优化网络架构,提升数据传输速度和处理能力,确保信息的实时性和准确性。而模式创新则能探索出更适合农村特点的服务模式,如定制化的出行方案、智能化的农产品物流渠道等,满足农村居民多样化的需求。此外,加强与城市交通信息网络的合作也是提升农村交通信息网络服务水平的重要途径。通过实现互联互通和资源共享,可以打破城乡信息壁垒,促进城乡交通一体化的发展。这不仅能够提高整体服务水平,还能为农村居民提供更多元化的出行选择,促进城乡之间的交流与互动。在合作过程中,应充分发挥各自优势,实现互补共赢。城市交通信息网络可以提供先进的技术和管理经验,而农村交通信息网络则能提供更贴近农村实际的服务和应用场景。

第二节 农田水利与能源设施建设

一、农田水利设施的技术升级

(一) 农田水利设施现状分析

我国农田水利设施在农业生产领域扮演着举足轻重的角色,但其当前却面临着一系列挑战。水资源利用效率不高是其中一大难题,众多地区依然沿用着大水漫灌这一传统灌溉模式，这种模式不仅难以精确控制水量，还常常导致水资源的无谓损耗，与现代农业节水灌溉的理念背道而驰。这种灌溉方式不仅加剧了水资源的紧张态势，也影响了农业生产的可持续性。另外，农田水利设施的老化问题同样不容忽视。许多设施始建于20世纪五六十年代，历经数十年风雨，已显现出严重的老化迹象。这些设施在设计、材料、技术等方面都已无法适应现代农业生产的高效率、高精度要求，其效率和稳定性大打折扣，甚至在某些情况下成为农业生产的制约因素，设施的陈旧不仅影响了灌溉效果，也增加了维护成本和安全隐患。

（二）技术升级方向

1. 智能化与自动化技术的应用

农田水利设施的技术升级进程中，智能化与自动化技术的融入是核心驱动力。这一趋势涵盖了智能传感器的部署、自动控制系统的构建以及远程监控平台的搭建，共同作用于提高灌溉效率和管理水平。

智能传感器作为信息感知的前端，能够实时捕捉到土壤湿度的微妙变化、农作物生长周期中的需水量波动以及气象条件的动态信息。这些数据是精准灌溉决策的依据，使得灌溉活动不再依赖于传统的经验和粗略的估计，而是基于精确的数据分析，从而确保每一滴水都能发挥最大效用。

自动控制系统则是智能灌溉的执行者。根据智能传感器收集的数据，通过预设的算法模型，自动调整灌溉量和灌溉时间。这种动态调节机制不仅避免了水资源的过度浪费，还保证了农作物在关键生长阶段获得充足的水分，促进了农作物的健康生长和高产高质。

远程监控平台为农田水利设施的管理提供了全新的视角。管理人员无论身处何地，都能通过手机、电脑等终端设备，实时查看设施的运行状态，包括水泵的工作情况、水位的变动以及灌溉系统的整体性能。一旦发现异常情况，可以迅速响应，采取必要的措施，确保灌溉活动的连续性和稳定性。这种即时反馈和远程控制的能力，极大地提高了管理效率，降低了因故障导致的灌溉中断风险。

2. 高效节水灌溉技术的推广

滴灌、喷灌、微灌等一系列先进灌溉技术的引入与应用，标志着农业灌溉从传统的粗放型向精细化、智能化转型。这些技术通过精密的控制系统，能够准确无误地调节灌溉水量及覆盖范围，确保每一滴水都能精准送达农作物根部，从而极大提高了水资源的利用效率，缓解了水资源短缺对农业生产的制约。

滴灌技术具有其低流量、长时间持续灌溉的特点，减少了水分蒸发和深层渗漏，能使农作物根系保持适宜的水分状态，促进了农作物的健康生长。喷灌技术则通过喷头将水分均匀喷洒于农作物叶片和土壤表面，既满足了农作物生长的水分需求，又有助于调节田间小气候，为农作物创造更有利的生长环境。微灌技术作为滴灌和喷灌的补充，适用于特定农作物或局部灌溉需求，进一步提高了灌溉的灵活性和针对性。

智能化技术的融合，为高效节水灌溉插上了翅膀。通过安装传感器、物联网技术和大数据分析，可以实时监测土壤水分、农作物生长状况及天气变化，并据此自动调整灌溉策略，实现灌溉的精准管理。这种智能化的灌溉系统，不仅大幅减少了水资源的浪费，还提高了灌溉的效率和效果，为农业的可持续发展奠定了坚实基础。

3. 新能源与可再生能源的利用

在农田水利设施技术升级的广阔图景中，新能源与可再生能源领域的发展，不仅关乎能源结构的优化，更是实现农业可持续发展的重要一环。太阳能、风能等可再生能源，以其清洁、可再生的特性，为农田水利设施提供了全新的能源解决方案。

太阳能光伏板的应用，是新能源利用的典型代表。在农田水利设施中，通过合理布局太阳能光伏板，可以将丰富的太阳能转化为电能，为灌溉系统、泵站等关键设施提供动力。这种能源转换方式，不仅减少了对传统化石能源的依赖，还降低了能源成本，提高了农田水利设施的经济性。太阳能光伏板在运行过程中不会产生有害物质，对环境友好，有助于保护农田生态系统。

第六章　农村基础设施与产业升级关联

风能作为另一种重要的可再生能源，在农田水利设施中同样具有广泛的应用前景。通过安装风力发电机，可以将风能转化为机械能或电能，为农田水利设施提供持续稳定的动力支持。风力发电机的使用，不仅可以减少对电网的依赖，提高能源供应的可靠性，还有助于降低碳排放，减轻对全球气候变化的影响。

新能源与可再生能源的利用，不仅为农田水利设施带来了经济效益和环境效益，还推动了农业生产的绿色转型。通过采用新能源技术，农田水利设施可以实现能源的自给自足，提高能源利用效率，降低运营成本。新能源的利用还有助于减少温室气体排放，保护生态环境，为农业的可持续发展贡献力量。

二、能源设施的升级建设

（一）能源设施现状分析

煤炭与石油等传统能源使用不仅暴露出效率低下的问题，也对环境构成了严峻挑战。由于能源设施的老化，化石能源在燃烧过程中往往无法实现充分燃烧，导致能源转换效率低下，大量能量以热能形式散失，因而未能有效转化为生产或生活所需的能量形式。不完全燃烧产生的废气、废渣等污染物，对农村空气、水源及土壤造成了不同程度的污染，威胁到农村居民的健康和生活质量。农民节能意识的缺乏，也是农村能源利用效率低下的重要原因。由于缺乏足够的节能知识和技术指导，农民在日常生活和农业生产中往往采用高能耗、低效率的方式，未能充分利用节能技术和产品，能源浪费现象普遍。更为严重的是，化石能源的大量消耗，加剧了温室气体的排放，尤其是二氧化碳的排放，对农业生产和生态环境产生了深远影响。温室气体排放导致的全球气候变暖，极端天气事件频发，如干旱、洪涝等，对农作物生长周期和产量造成了不利影响，增加了农业生产的不确定性。气候变暖还引起了病虫害，加大了农作物病虫害防治的难度，对农业生态系统构成了威胁。

（二）升级建设方向

1. 新能源开发利用

太阳能、风能、生物质能等可再生能源，正逐步成为农业生产和农村生活的新动力源。为了深化新能源的应用，必须加大对太阳能、风能、生物质能等新能源的研究与开发力度。太阳能作为一种取之不尽、用之不竭的清洁能源，在农业灌溉、温室种植、农产品加工等领域的应用潜力巨大。通过安装太阳能光伏板，可以将太阳能转化为电能，为农田水利设施提供稳定的电力供应，降低对传统能源的依赖。在风力资源丰富的农村地区，安装风力发电机可以为农田灌溉、农产品加工等提供动力支持。风能的利用不仅减少了化石能源的消耗，还降低了碳排放，对保护生态环境具有积极意义。生物质能作为一种可再生资源，在农业生产和农村生活中的应用也日益广泛，通过生物质能的转化和利用，可以为农村提供热能、电能等，满足农民的生产和生活需求。

2. 能源互联网建设

构建农村能源互联网是推动农村能源高效传输与利用，降低能源损耗的关键举措。通过先进的信息技术和智能电网技术，将农村地区的分布式能源资源，如太阳能、风能、生物质能等，与能源需求侧紧密连接起来，形成一个高效、智能、可持续的能源网络。农村能源互联网的建设，能够实现能源的集中管理和优化配置。通过智能电网的调度和控制，可以根据不同能源资源的特性和实时供需情况，灵活调整能源的生产和分配，确保能源的高效传输和利用。智能电网还具备故障自我检测和修复的能力，能够迅速响应并处理电网中的异常情况，减少能源损耗和停电时间，提高能源供应的可靠性和稳定性。此外，农村能源互联网还能够促进清洁能源的广泛应用。通过将分布式清洁能源接入电网，可以实现清洁能源的就地消纳和平衡，减少对外部能源的依赖，降低能源传输过程中的损耗和排放。清洁能源的广泛应用还能够促进农村经济的绿色转型，带动相关产业的发展，为农村居民提供更多的就业机会和收入来源。

3. 能源设施智能化改造

在能源设施升级的迫切需求下，现代信息技术的融合应用成为提高能源利用效率和降低运营成本的关键途径。通过智能化改造，能源设施得以实现数据的实时采集、分析与处理，从而优化能源分配与使用。现代信息技术，如物联网、大数据、云计算及人工智能，为能源设施的智能化提供了强大支撑。物联网技术使得能源设施能够互联互通，形成一个庞大的数据网络，实时监测设施运行状态和能源消耗情况。大数据和云计算则负责处理这些海量数据，通过算法模型挖掘出潜在的节能空间，为能源管理提供决策依据。智能化改造技术根据实时监测到的数据，系统能够自动调节能源输出，确保能源供应与需求之间的精准匹配。这种动态调节不仅避免了能源的浪费，还提高了能源设施的响应速度和稳定性。此外，智能化改造还促进了能源设施的远程管理和维护。管理人员无须亲临现场，即可通过远程监控平台对设施进行实时监控和故障排查，大大提高了运维效率和降低了运营成本。

（三）升级建设策略

1. 机制引导与支持

资金支持是农村能源设施升级建设的重要保障。通过设立专项基金、提供贷款贴息、给予投资补贴等方式，可以有效降低农村能源设施升级的成本，激发农村地区进行能源改造的积极性。资金支持还可以用于技术研发和推广应用，促进农村能源技术的创新和进步，提高能源利用效率和环保水平。税收优惠制度通过对农村能源设施升级建设项目给予税收减免、税收返还等优惠机制，可以减轻农村地区的税收负担，提高其进行能源改造的经济效益。此外，税收优惠还可以鼓励更多的社会资本进入农村能源领域，推动农村能源市场的繁荣和发展。为确保资金支持和税收优惠的有效实施，需要建立健全相关管理和监督机制。加强对资金使用和税收优惠的监管，确保资金用到实处、税收优惠真正惠及农村地区，防止出现滥用资金和税收漏洞的情况。

2. 投融资机制创新

为吸引社会资本积极参与，需构建开放合作的投资环境，让市场在资源配置中发挥决定性作用。这一过程中，要打破传统融资模式的束缚，不局限于财政资金的直接投入，更要拓宽思路，引入多元化的资金来源。一方面，通过与金融机构的深度合作，创新金融产品与服务，如绿色信贷、能源项目专项债、资产证券化等，为农村能源设施升级提供低成本的长期资金支持。利用资本市场，鼓励符合条件的能源企业通过上市融资、发行债券等方式筹集资金，增强其投资能力。另一方面，积极引导社会资本以股权合作、特许经营、有关部门和社会资本合作（PPP）等多种形式参与农村能源设施建设。这不仅能够缓解有关部门财政压力，还能借助社会资本的专业运营能力和技术创新优势，提高能源设施的建设效率和运营水平。此外，社会资本的参与，还能促进市场竞争，推动能源价格机制改革，使农村用户享受到更加经济、可靠的能源服务。在此基础上，建立健全风险分担和利益共享机制，确保各方参与者的合法权益。通过明确权责利关系，增强投资信心，形成有关部门、企业、社会三者间良性互动、协同推进的局面。有关部门虽不直接参与投资，但可通过规划引导、监管服务等方式，为农村能源设施升级创造良好环境，确保项目符合国家能源战略和农村发展需求。

3. 社会力量参与

鼓励科研机构、高校及企业等多元社会力量积极参与农村能源设施的升级建设，是加速推进农村能源事业发展的关键路径。这些社会力量各具特色与优势，能够为农村能源设施的革新提供强大的智力支持和技术支撑。

科研机构拥有丰富的科研资源和强大的创新能力，能够在农村能源技术的研发上取得突破，推动新技术、新工艺的应用，提升农村能源设施的技术水平和能效。高校则拥有庞大的人才队伍和深厚的学术基础，通过产学研合作，可以将科研成果转化为实际应用，为农村能源设施升级提供源源不断的动力。

企业作为市场经济的主体，具有敏锐的市场洞察力和强大的资金实力。企业的参与不仅可以为农村能源设施升级提供资金支持，还可以通过市场化运作，推动农村能源项目的商业化、产业化，实现经济效益和社会效益的双赢。

在推动农村能源设施升级的过程中，应充分发挥社会各力量的协同作用。科研机构、高校和企业之间可以建立紧密的合作关系，形成产学研用一体化的创新链条。通过共同研发、技术转移、人才培养等方式，实现资源共享、优势互补，推动农村能源技术的不断创新和进步。

另外，还应注重引导社会力量关注农村能源事业的长期发展。鼓励科研机构、高校和企业将农村能源设施升级作为社会责任的重要组成部分，积极参与农村能源建设规划、技术培训和科普宣传等工作，增强农村居民的能源意识和节能技能，为农村能源事业的可持续发展奠定坚实基础。

第三节　农村环境改善与生态建设

一、农村环境现状分析

（一）农村环境污染的主要表现

农业生产活动中，农药与化肥的过量施用成为农村环境污染的首要问题。这不仅导致了土壤结构的破坏和肥力的下降，还使得农产品中残留有害物质，威胁到食品安全与人体健康。长期累积的化学物质通过食物链传递，进一步加剧了生态系统的失衡。畜禽养殖业作为农村经济的重要组成部分，其废弃物处理不当已成为一大污染源。未经妥善处理的畜禽粪便和废水直接排放，不仅污染了周边水体，导致水质恶化，影响水生生物生存，还释放出大量氨气、硫化氢等有害气体，污染空气，影响农村居民的居住环境。另外，由于缺乏有效的收集与处理系统，生活污水往往随意排放，垃圾随意堆放，这不仅占用了大量土地，还可能成为病菌滋生的温床，增加疾病传播的风险，对农村居民的健康构成威胁。更为严峻的是，随着工业化进程的加速，一些工业污染企业正向农村地区转移。一些高污染、高能耗的企业因城市环保要求提高而迁至农村，这些企业的排放往往未被严格制定标准，直接加重了农村环境的负担，导致水质、土壤和空气的多重污染，破坏了农村原有的生态平衡。

（二）农村环境问题的社会经济影响

环境污染的蔓延导致土壤质量退化、水源污染，进而使得农业生产力显著下滑，直接冲击着农业生产的基石。出自受污染的环境的农产品，其品质与安全性难以保障，市场竞争力随之减弱，农民的经济收入因此大幅缩减，农村经济发展的步伐受到严重阻碍。环境恶化不仅损害了农业生产，更对农村居民的健康构成了严重威胁。空气与水源的污染，增加了居民患病的风险，居民医疗费用负担随之加重，生活质量与幸福感大打折扣。长期生活在污染环境中，居民的身心健康均受到不同程度的影响，制约了农村人力资源的开发与利用。此外，环境污染还严重破坏了农村的投资环境，影响了外部资本与技术的流入。特别是对于依赖自然风光与生态环境的旅游业、生态农业等绿色产业而言，环境污染无疑是其发展道路上的巨大障碍。这些产业本应是推动农村经济转型升级、缩小城乡差距的重要力量，却因环境问题而难以充分发挥其作用，农村地区的经济发展潜力因此被大大削弱。

二、生态建设的路径与策略

（一）农村生态建设的核心理念

农村生态建设作为推动人与自然和谐共生的重要途径，其核心在于一系列深刻而具前瞻性的理念：尊重自然、保护生态、节约资源、循环利用与绿色发展。这些理念相互交织，共同构成了农村生态建设的理论基础与实践导向。尊重自然，意味着在农业生产和农村发展中，要充分考虑自然生态系统的规律与承载能力，避免过度开发与破坏，确保人类活动与自然环境之间的平衡。保护生态，则强调维护农村生态系统的完整性与多样性，通过生态保护与修复措施，恢复和提升生态系统的服务功能，为农业生产提供稳定的生态基础。节约资源，是农村生态建设中对资源利用方式的基本要求。它倡导在农业生产中采用节水、节肥、节能等高效利用技术，减少资源消耗，提高资源利用效率，实现资源的可持续利用。循环利用，则进一步推动了农村废弃物的资源化利用，如农作物秸秆、畜禽粪便等，通过科学的处理与转化，变废为宝，形成闭环的农业生态系统，减少环境污染，增加经济效益。

绿色发展，是农村生态建设的最终目标，也是实现农业可持续发展的关键。它要求在农村经济发展中，不仅要追求经济效益，更要注重生态效益与社会效益的统一。通过推动农业生产方式的绿色转型，发展生态农业、有机农业等环保型农业模式，提升农产品的品质与价值，同时促进农民收入的增加与生活质量的改善。

（二）农村环境治理的关键技术

农村环境污染问题作为制约可持续发展的关键因素，其治理工作显得尤为迫切。农业面源污染控制技术针对农业生产过程中化肥、农药等化学物质的过量使用导致的污染问题。通过推广科学施肥技术、生物防治等方法，可有效降低化学物质对环境的污染。结合农田生态系统管理，实现了农业生产与环境保护的协调发展，既保障了农作物产量，又改善了农村环境质量。农村生活垃圾成分复杂，包括厨余垃圾、废纸、塑料等多种类型。针对这一特点，开发了垃圾分类收集、有机垃圾堆肥化、无机垃圾资源化利用等一系列处理技术。这些技术不仅减少了垃圾对环境的污染，还实现了资源的循环利用，促进了农村经济的可持续发展。农村地区由于基础设施相对落后，污水处理一直是个难题。为此，小型污水处理设施、生态净化池等处理技术被研发。这些技术利用生物、物理、化学等原理，对农村生活污水进行有效处理，去除了污水中的有害物质，保护了农村水资源和生态环境。此外，还有一系列辅助技术，如生态修复技术、清洁能源利用技术等，也在农村环境治理中发挥着重要作用。生态修复技术通过植树造林、湿地恢复等手段，改善了农村生态环境；清洁能源利用技术则推广太阳能、风能等可再生能源的使用，减少了化石能源消耗和温室气体排放。

（三）生态农业发展及其在农村环境改善中的作用

生态农业作为农村环境改善的核心策略，其深远意义在于通过一系列绿色种植与养殖技术的推广,从根本上转变农业发展模式,从而实现农业资源的高效利用与环境的可持续发展。这一模式强调在不破坏自然生态平衡的前提下,提高农业生产效率,减少化肥、农药等化学物质的过度使用,从而有效降低农业面源污染,保护农村水土资源,维护生态系统的健康与稳定。生态农业的实践,不仅仅是对传统农业技术的革新,更是一场深刻的农业革命。它鼓励农民采用生物防治、有机肥料替代、轮作休耕等环保措施,既保障了农作物的健康生长,又减少了化学物质对土壤与水源的污染,为农村环境的持续改善奠定了坚实基础。另外,生态农业还注重生态系统的整体性,通过构建农田生态循环,如利用农作物秸秆作为畜禽饲料,畜禽粪便作为农田有机肥,实现了资源的循环利用,减少了废弃物的排放,提升了农业生产的综合效益。更为重要的是,生态农业的发展直接关联农产品品质的提升与农民收入的增加。绿色、有机、无公害的农产品在市场上更受消费者青睐,往往能拥有更高的售价,从而增加农民的经济收益。此外,生态农业还促进了农村经济的多元化发展,如结合乡村旅游、生态农业体验等项目,吸引了城市居民的关注与参与,为农村经济注入了新的活力,拓宽了农民的增收渠道。

(四)农村生态旅游与绿色经济发展

农村生态旅游作为一种新兴的绿色、低碳经济发展模式,将农业资源与自然景观、民俗文化深度融合。通过开发农业观光、体验式旅游等丰富多彩的项目,为游客提供了一个近距离接触农村生活、感受乡村魅力的平台。这种旅游模式不仅让游客在体验中收获了乐趣,更在无形中提升了农民的环保意识,促进了绿色经济的蓬勃发展。在农村生态旅游的推动下,农业观光项目如雨后春笋般涌现。游客可以亲自参与农作物种植、采摘等活动,了解农业生产的全过程,感受农耕文化的独特魅力。这些项目也为农产品提供了直接的销售渠道,增加了农民的收入,激发了他们保护生态环境的积极性。通过体验式旅游模式,游客可以住进农家院,品尝地道的农家菜,参与农村的传统节日和民俗活动,深入体验乡村生活的宁静与质朴。这种深度融入式的旅游方式，不仅让游客对农村产生了深厚的感情，也促使他们在日常生活中更加注重环保，养成绿色消费的良好习惯。农村生态旅游的兴起，还带动了相关产业的快速发展。餐饮、住宿、交通、手工艺品制作等行业因此受益，为当地创造了大量的就业机会。许多外出务工的农民选择回乡创业，利用自家的房屋和土地开展旅游服务，实现了家门口就业，提高了生活质量。更为重要的是，农村生态旅游为乡村振兴注入了新的活力，打破了传统农业发展的单一模式，为农村经济多元化发展提供了可能。

三、农村环境改善的实践探索

（一）农村生活垃圾处理与资源化利用

随着农村居民生活水平的逐年提升，生活垃圾的产生量也随之增加，而相应的处理手段却未能及时跟上，导致垃圾堆积、环境污染等问题日益突出。为了有效改善农村环境，必须从垃圾产生的源头入手，深入推广垃圾分类、减量与资源化利用的科学理念。垃圾分类是农村生活垃圾处理的第一步，也是至关重要的一环。通过建立完善的垃圾分类收集、运输和处理体系，可以将可回收垃圾、有害垃圾、厨余垃圾等不同种类的垃圾进行有效分离。这样不仅能降低垃圾处理的难度和成本，还能提高资源的回收利用率，减少环境污染。对于可回收垃圾，如废纸、废塑料、废金属等，应鼓励农民进行分类收集并交由专业机构进行回收处理；对于有害垃圾，如废电池、废荧光灯管等，应设立专门的收集点，确保安全处理；对于厨余垃圾，则可通过堆肥、厌氧消化等方式转化为有机肥料，用于农田施肥，实现垃圾的资源化利用。除了垃圾分类，减量与资源化利用也是解决农村生活垃圾问题的重要途径。鼓励农民在日常生活中减少产生不必要的垃圾，如使用可重复使用的购物袋、减少一次性用品的使用等。应充分利用农业废弃物资源，如秸秆、人畜粪便等，通过生物质能源技术将其转化为燃料或电力，降低对化石能源的依赖。这不仅有助于减少温室气体排放，还能为农村提供清洁、可再生的能源，促进农村经济的可持续发展。

（二）农村污水处理与循环利用技术

长期以来，由于农村地区基础设施建设相对滞后，大量未经处理的生活污水直接排入水体，不仅严重污染了水质，还加剧了生态环境的恶化。面对这一严峻挑战，寻找并推广适合农村特点的污水处理技术，成为解决农村水污染问题的关键。

生物接触氧化、人工湿地、地下渗滤等技术，因其投资小、运行成本低、操作简便等优势，在农村污水处理中展现出巨大潜力。生物接触氧化技术利用生物膜上的微生物，将污水中的有机物进行降解，达到净化水质的目的。人工湿地则通过模拟自然湿地生态系统，利用植物、微生物和土壤的共同作用，对污水进行净化。而地下渗滤技术则是利用土壤的自净能力，将污水通过地下渗滤系统进行处理，达到排放标准。

这些污水处理技术不仅能够有效去除污水中的污染物，还能在一定程度上实现资源的循环利用。经过处理后的污水，其水质通常能够达到农田灌溉或渔业养殖的标准。这样一来，不仅可以为农田提供稳定的水源，减少地下水资源的开采，还能为渔业养殖提供清洁的水环境，促进农村经济的多元化发展。

更重要的是，这些技术的推广和应用，有助于提升农民的环保意识，引导他们积极参与到农村环境保护中。通过了解污水处理的重要性和过程，农民能够更加自觉地减少污水排放，保护水资源，共同维护农村的美好环境。

（三）农村生态环境保护与生态修复

农村生态环境保护构成了生态建设不可或缺的基石，避免过度开发，遏制对生态环境的破坏行为，是确保生态系统健康存续的关键。在保护的基础上，生态修复工程的实施成为农村生态环境改善的重要一环。如退耕还林，不仅有助于恢复土地植被，减少水土流失，还能增强生态系统的稳定性与多样性。湿地恢复项目通过恢复湿地水文循环与植被覆盖，有效提升了湿地的生态服务功能，如水质净化、洪水调蓄与生物多样性维护等。水土保持措施，如梯田建设、植被恢复与土壤改良，显著增强了土壤保持水分与养分的能力，为农业生产提供了坚实的生态基础。野生动植物的保护同样不容忽视。野生动植物是生态系统的重要组成部分，维护其生存与繁衍，对于保持生物多样性、促进生态平衡具有不可替代的作用。通过设立自然保护区、加强生态廊道建设、实施濒危物种拯救计划等措施，可以有效保护野生动植物的栖息地，减少人类活动对它们的干扰，促进生物多样性的恢复与增加。

（四）农村环境教育与公众参与的重要性与实践途径

为了有效增强农民环保意识，引导其积极参与农村环境保护工作，可以通过举办环保知识讲座、发放宣传资料、播放教育影片等多种形式，让农民深入了解环保知识，认识到环境保护对于自身健康、农业生产乃至整个生态系统的重要性。只有当农民真正意识到环保的紧迫性和必要性，才能激发他们参与环保行动的热情。在提升农民环保意识的同时还需通过一系列激励措施，鼓励农民将环保理念转化为实际行动。比如，通过设立环保奖励基金、提供技术支持和资金扶持，引导农民积极参与垃圾分类、污水处理、生态修复等环保项目。这些项目的实施，不仅能够改善农村环境，还能为农民带来实实在在的经济收益，形成环保与经济发展双赢的局面。为了确保农村环保工作的持续推进，还需要建立健全公众参与机制。这包括发挥村民自治组织的作用，让农民在环保决策中拥有更多的话语权；积极吸纳环保志愿者等社会力量，共同参与到农村环境保护的实践中。通过这些机制的建立，可以形成全社会共同参与农村环境改善的良好氛围，让环保成为每个人的自觉行动。在这一过程中，媒体和网络的宣传作用也不容忽视。通过广泛传播农村环保的成功案例和先进经验，可以激发更多农民投身环保事业的热情，形成示范带动效应。

第四节　农村基础设施项目合作模式

一、农村基础设施项目合作模式探讨

(一) 合作模式的基本原则

在探讨农村基础设施项目合作模式之际，明确并遵循一系列基本原则是构成合作框架的基石，能够有效确保项目的顺利进行与长远发展。

公平作为首要原则，意味着在项目合作中，无论是资金提供者、建设方还是受益者，都应享有平等的地位和合理的权益分配。这要求合作机制设计合理，确保各方投入与回报相匹配，避免利益失衡，激发各方参与合作的积极性。

公正是合作过程中的重要保障。它要求决策过程透明化，所有相关决策均基于公开、客观的标准，避免暗箱操作与利益输送，确保合作环境的纯净与公正。这不仅能够增强合作各方的信任，也为项目的顺利实施奠定了坚实的基础。

公开是提升项目透明度与公信力的关键。所有与项目相关的信息，包括资金使用情况、建设进度、环境影响评估等，都应向社会公众开放，接受广泛监督。这不仅有助于提升项目的社会认可度，还能及时发现并纠正潜在问题，确保项目在合法合规的轨道上运行。

效率是衡量合作模式成功与否的重要指标。它要求资源得到最优配置，项目推进迅速且高效，以最少的投入实现最大的产出。这需要通过科学规划、技术创新与精细化管理，不断提高项目执行效率，确保项目能够按时、保质、循量完成，满足农村地区的实际需求。

可持续性是项目合作的长远目标。它强调项目在经济、社会与环境三个维度上的长期发展能力。经济上，项目应具备良好的盈利能力或成本效益，确保投资回报；社会上，项目应促进就业、提升居民生活水平，增强社区凝聚力；环境上，项目应坚持绿色发展理念，减少对生态环境的负面影响，实

现人与自然和谐共生。

(二) 市场化合作模式

1. 企业主导型

企业主导型合作模式作为一种创新的农村基础设施项目发展方式，核心在于企业成为投资、建设和运营的主体。在这一模式下，企业依托自身雄厚的资本实力、先进的技术手段以及高效的管理能力，通过灵活的市场机制，推动项目的高效运作和持续发展。企业利用其在资金方面的优势，能够为农村基础设施项目提供充足的资金支持，确保项目的顺利实施。这不仅解决了农村基础设施建设资金短缺的问题，还使项目在规模和质量上得以提升，更好地满足农村发展的实际需求。

在技术层面，企业所拥有的先进技术，为农村基础设施项目的建设和运营提供了有力保障。通过引入先进的建设工艺、智能化的运营管理系统等，企业能够提高项目的建设效率和运营水平，降低运营成本，提高服务质量。这不仅增强了项目的竞争力，还使得农村基础设施能够更好地服务于农村经济发展和社会进步。

管理方面，企业以其高效的管理模式和丰富的管理经验，确保了项目的平稳运行。企业通过建立完善的管理体系，对项目进行精细化管理，提高了资源的利用效率，降低了运营成本。企业还注重人才的培养和引进，为项目的长期发展提供了坚实的人才保障。

2. 社会资本参与型

社会资本参与型合作模式作为一种创新的合作机制，为农村基础设施项目注入了新的活力。它积极鼓励私营企业、社会组织以及个人投资者等多元社会主体，参与到项目的设计、建设、运营与管理中。这一模式不仅拓宽了项目资金的筹措渠道，有效缓解了农村基础设施建设面临的资金瓶颈问题，还通过资源的整合与优化配置，提升了项目的整体建设水平与质量。社会资本的深度参与，带来了市场竞争机制。在项目的规划、设计与施工过程中，私营企业凭借其先进的技术、管理经验与市场敏锐度，能够提出更具创新性、高效性的解决方案，从而推动项目运营效率的提高。市场竞争的存在促使各参与方不断优化成本结构，提高资源利用效率，确保项目在质量、成本、进度等方面均能达到预期目标。社会组织与个人投资者的加入，则为项目带来了更为广泛的社会支持与参与。他们不仅能够为项目提供必要的资金支持，还能通过自身的专业知识、技能与经验，为项目的顺利实施与后续运营提供有力保障。此外，社会资本的参与还增强了项目的透明度与公信力，使得项目在决策、执行与监督等各个环节都能接受社会各界的监督与评价，从而进一步提升项目的社会效益与公众满意度。

3. 跨区域合作型

跨区域合作型模式通过打破地域界限的方式，实现资源的优化配置和优势互补，从而显著提升项目的整体效益。在跨区域合作中，不同地区可以依据自身的资源禀赋和比较优势，进行针对性的合作。一些地区可能拥有丰富的自然资源，如土地、水源等，而另一些地区则可能在资金、技术或管理经验上更具优势。通过合作，这些资源得以有效整合，形成合力，从而推动项目的顺利实施。跨区域合作可以采取多种形式，以适应不同地区的实际情况和需求。有关部门间合作，可以搭建起地区间沟通的桥梁，促进信息共享和机制协调，为项目的推进提供有力保障。企业间合作，则能够发挥企业在资金、技术和管理上的优势。通过市场化运作，提高项目的建设效率和运营水平。而有关部门与企业间的合作，则能够结合有关部门的引导和支持作用，以及企业的创新能力和市场敏锐度，共同推动项目的快速发展。跨区域合作型模式的优势在于，它能够打破单一地区资源有限的瓶颈，实现资源的跨区域流动和优化配置。这不仅有助于提升项目的整体效益，还能促进地区间的经济交流和合作，推动区域经济的协调发展。通过合作，不同地区可以相互借鉴和学习，共同提升基础设施建设和运营管理的水平。

（三）非市场化合作模式

1. 社会组织推动型

社会组织推动型合作模式的核心在于，由各类社会组织——如公益机构、慈善基金会等——主动承担起推动项目实施的主导角色。这些社会组织凭借其广泛的社会影响力与资源动员能力，成为连接社会资金与农村基础设施建设需求的重要桥梁。社会组织通过多渠道筹集社会资金，包括但不限于募捐、捐赠、基金运作等，为农村基础设施项目提供了有力的资金支持。这些资金不仅补充了传统资金来源的不足，还激发了社会各界对农村发展的关注与参与热情。社会组织还擅长整合社会资源，包括人力资源、技术资源、管理经验等，形成项目实施的强大合力。它们利用自身在项目策划、执行、监测等方面的专业优势，确保项目能够高效、有序地推进。社会组织推动型合作模式还带来了项目实施方式的创新，这些社会组织往往更加注重与农村社区的沟通与协作，确保项目能够真正反映当地群众的需求与意愿。通过参与式规划、社区共建等方式，社会组织促进了项目与当地社会的深度融合，提升了项目的社会接受度与可持续性。此外，社会组织还注重项目效果的评估与反馈，通过定期监测、评估报告等方式，向社会公众及捐赠者展示项目成果，进一步提升了项目的透明度与公信力。

2. 社区自治型

社区自治型合作模式作为一种创新的农村基础设施项目建设与管理方式，核心在于强调当地社区居民的自主性和参与度。在这一模式下，社区居民不仅是项目的受益者，更是项目的建设者和管理者。通过社区自治，能够最大限度地激发社区居民的积极性和创造力，使项目更加贴近社区的实际需求，提高项目的适应性和可持续性。由于居民对当地环境、文化和自身需求有着深入的了解，他们能够更好地参与到项目的设计、建设和运营中，确保项目既符合社区的实际情况，又能满足居民的实际需求。这种从下而上的参与方式，不仅提高了项目的针对性和实效性，还增强了项目的生命力和可持续性。社区自治型合作模式有助于培养居民的主人翁意识。当居民亲自参与到项目的建设和管理中时，他们会更加珍惜和爱护这些设施，更加关注项目的运营和维护。这种主人翁意识的形成，不仅有助于提高项目设施的使用效率和维护水平，还能增强社区的凝聚力和向心力，促进社区的和谐发展。此外，社区自治型合作模式还能够激发社区居民的创新精神。在项目的建设和运营过程中，居民们会不断探索和创新，寻求更加高效、节能、环保的解决方案。

3. 国际合作型

通过与国际组织、外资企业等的深度合作，农村基础设施项目能够汲取国际先进的技术与管理经验，实现建设水平的显著提升。这些国际合作伙伴不仅提供了资金和技术支持，还带来了高效的项目管理方法和创新的建设理念，有助于提升我国农村基础设施的整体质量和可持续性。国际资本的引入，有效缓解了国内资金压力，为农村基础设施项目提供了更为丰富的资金来源。这不仅加快了项目的建设进度，还降低了项目融资的风险和成本，为项目的顺利实施提供了有力保障。国际合作型模式促进了技术与人才的交流。通过与国际先进企业和组织的合作，我国农村地区能够接触到最前沿的技术和设备，提升本地建设队伍的专业技能和管理水平。这种技术与人才的流动，为我国农村基础设施建设注入了新的活力，推动了行业内的技术革新与进步。国际合作型模式还加强了我国农村地区与国际社会的联系，提升了其国际影响力。通过参与国际项目合作，农村地区能够展示自身的发展成果和潜力，吸引更多的国际关注和支持。这不仅有助于提升农村地区的知名度和美誉度，还为其未来的发展创造了更加有利的外部环境。

二、农村基础设施项目合作模式的优化路径

（一）建立多元化的投资机制

为了更好地推动农村基础设施项目的发展，构建多元化的投资机制显得尤为关键。通过设立专项资金，可以为农村基础设施项目提供稳定的资金来源，确保项目的顺利实施。这些资金不仅可以直接用于项目的建设和运营，还可以通过设立引导基金、风险补偿金等方式，吸引和撬动其他社会资本投入。在吸引企业、社会资本、金融机构等多元化投资主体方面，需要采取一系列措施降低投资成本，提高投资效益。例如，可以通过提供税收优惠、土地供应保障、融资担保等机制支持，降低投资主体的运营成本和风险。加强项目推介和信息公开，提高项目的透明度和吸引力，让更多的投资主体了解

并参与到农村基础设施项目中。探索有关部门与社会资本合作（PPP）模式，是构建多元化投资机制的重要途径。PPP模式通过引入市场机制，实现有关部门与市场的优势互补，既能发挥有关部门在规划引导、组织协调等方面的优势，又能发挥市场在资源配置、技术创新等方面的作用。在PPP项目中，有关部门与社会资本共同承担风险、分享利益，有助于形成合理的投资回报机制，激发社会资本的投资热情。

（二）创新合作模式及管理机制

1. 提高项目决策的透明度

为了确保项目决策的科学性、合理性与公正性，必须建立起一套健全的项目决策机制。这一机制应当涵盖广泛的信息收集与意见征集环节，确保所有相关利益方都能够充分表达自己的观点与诉求。通过综合考量各方意见，项目决策能够更加贴近实际，反映真实需求，从而避免决策过程中的偏见与不公。加强项目信息公开是提升决策透明度的另一重要途径。项目进展、资金使用等关键信息应当及时、准确地向社会公布，这不仅能够增加公众对项目运作的了解，还能够提升公众对项目决策的信任与支持。信息公开应当通过多种渠道进行，包括但不限于官方网站、社交媒体、新闻发布会等，以确保信息的广泛传播与易于获取。提高项目决策透明度有助于构建更加开放、公正的合作环境。当项目决策过程变得公开透明时，各参与方能够更加清晰地了解项目的目标与愿景，从而更加积极地投入项目合作中。此外，透明度的提升还能够有效遏制腐败与不当行为的发生，确保项目资源的合理配置与有效利用。

2. 加强项目监管与评估

项目监管与评估体系的核心在于对项目全过程的严格把控和客观评价，确保项目能够按照既定目标高效、高质量地推进。在项目启动之初，立项阶段就需进行严格审查。通过对项目需求的深入分析、可行性的科学论证以及预算的合理编制，从源头上确保项目的合理性和可行性。随后，招投标环节需遵循公开、公平、公正的原则，确保有资质、有经验、有实力的单位参与到项目建设中，为项目质量打下坚实基础。在项目的施工阶段，应当加强对施工过程的监管，不仅包括对工程进度、质量标准的监督，还包括对安全生产的严格管理。通过定期巡查、随机抽查等方式，及时发现和纠正施工中的不规范行为，确保项目按照设计要求和技术标准稳步推进。当项目完成后，验收环节同样不容忽视。通过组织专业团队，对项目进行全面、细致的验收检查，确保项目达到预期目标，符合相关标准和规范。这一环节不仅是对项目建设成果的检验，也是对前期监管工作的总结和提升。除了有关部门对项目全过程的严格监管外，引入第三方评估机构也是提升项目质量和效益的重要手段。第三方评估机构凭借其专业性、独立性，能够对项目实施效果进行客观、公正的评价，发现项目在规划、设计、施工、运营等方面存在的问题，并提出有针对性的改进建议。

3. 建立风险分担与利益分配机制

明确界定合作各方的权责范围，是建立风险分担机制的首要任务。这要求项目参与者在合作初期就充分沟通，清晰界定各自在项目中所扮演的角色、承担的责任以及享有的权利。通过合理的权责分配，能够确保在面对项目风险时，各方能够依据事先约定的规则共同应对，有效减轻某一方承担的风险压力，增强项目的整体抗风险能力。与此同时，建立一套公平、合理的利益分配机制同样至关重要。这涉及项目收益如何在各合作方之间进行合理划分，以确保各方在项目合作中能够获得与其投入与贡献相匹配的回报。利益分配机制的建立，需要充分考虑项目的实际情况，如投资额、技术贡献、管理效率等因素，确保分配方案既公平又能够激励各方积极参与项目合作，共同推动项目的顺利进行。风险分担与利益分配机制的建立，不仅有助于维护项目合作的稳定与和谐，还能够激发各参与方的积极性与创造力，为项目的成功实施提供有力保障。当各方在项目中能够共享收益、共担风险时，将更加倾向于投入更多的资源与支持，从而推动项目向高质量、高效率的方向发展。

第七章　农村市场体系与产业升级

第一节　农产品流通体系优化

一、农产品流通渠道的优化

（一）提高流通效率

在农产品流通渠道优化的过程中，为了能够有效提高流通效率，需从多个维度深入探索与实践。优化农产品流通渠道结构，是提高效率的首要之举。通过精减流通环节，剔除烦琐的中间流程，农产品能够更快速地实现从产地到消费终端的直接对接。这不仅缩短了流转时间，减少了损耗，还确保了农产品的新鲜度与品质，满足了消费者对高质量农产品的需求。加强农产品流通企业间的合作，是提高流通效率的又一重要途径。企业间通过建立紧密的合作关系，可以实现资源的有效整合与共享，降低运营成本，提升整体竞争力。这种合作模式，不仅能够促进信息的快速流通，提高市场反应速度，还能在物流、仓储等环节实现协同作业，优化资源配置，减少浪费，从而进一步提高农产品流通的效率。推广先进的流通技术和管理方法，是提升农产品流通效率的又一有力保障。现代信息技术的广泛应用，如物联网、大数据、云计算等，为农产品流通提供了前所未有的便利。通过智能化管理，可以实现对农产品流通全过程的精准监控与高效调度，提高流通速度与准确性。引入先进的物流管理理念，如供应链协同、精益物流等，能够进一步优化农产品流通流程，减少库存积压，提高库存周转率，确保农产品在流通中的顺畅与高效。

（二）降低流通成本

优化农产品流通渠道是降低流通成本的关键一步。这要求对传统流通模式进行创新，减少不必要的中间环节，如过多的转运和仓储，从而缩短流通链条，提高流通效率。通过构建直达终端市场的供应链体系，农产品能够更快地从产地到达消费者手中，减少在途时间和损耗，进而降低运输和仓储成本。利用现代信息技术，如物联网、大数据等，实现农产品流通的智能化管理，精准预测市场需求，优化库存管理，进一步降低流通成本。

提高农产品流通企业的规模和集中度，是实现规模效应、降低单位成本的有效途径。鼓励和支持农产品流通企业通过兼并重组、战略合作等方式，扩大经营规模，提升市场竞争力。规模化经营能够带来采购、物流、销售等方面的协同效应，降低单位产品的流通成本。集中度提高有助于形成品牌效应，增强消费者信任，提高产品附加值，从而为企业创造更多利润空间，进一步投入流通体系的优化。

税费方面，通过市场机制和机制引导的双重作用，降低农产品流通领域的税费成本。市场机制方面，加强市场竞争，推动农产品流通领域的价格透明化，减少不合理收费和隐形成本。机制引导方面，虽然不直接提及机制，但可以理解为通过优化税收结构、提供税收减免或补贴等方式，间接减轻农产品流通企业的税费压力。这有助于企业将有限的资金更多地用于提高流通效率和提升服务质量，而非支付高昂的税费。

（三）优化流通环节

在农产品从产地到消费终端的流转过程中，各流通节点均应受到严格的质量监控。通过建立完善的农产品质量追溯体系，可以实现对农产品流通全链条的精准追溯，确保每一环节都符合安全标准。加大对农产品流通环节的抽检力度，及时发现并处理潜在的质量问题，有效防止不合格农产品流入市场，保障消费者的食品安全权益。推动农产品流通标准化建设，是提高农产品流通环节规范性和效率的关键。标准化不仅能够统一农产品的质量标准，还能够规范农产品流通的操作流程，减少因标准不一而产生的损耗与浪费。通过制定并执行严格的农产品流通标准，可以确保农产品在包装、运输、储存等环节均达到最佳状态，从而延长农产品的保鲜期，提高农产品的市场竞争力。此外，标准化建设还能够促进农产品流通的信息化与智能化，提高流通效率，降低运营成本。鼓励农产品流通企业采用绿色、环保的流通方式，是降低流通环节对环境影响的重要举措。在农产品流通过程中，应倡导使用可降解、环保的包装材料，减少塑料等难以降解材料的使用，降低环境污染。推广节能高效的物流设备与技术，如冷链物流、智能仓储等，不仅可以提高农产品的保鲜效果，还能减少能源消耗，降低碳排放。此外，鼓励农产品流通企业建立废弃物回收与处理机制，实现资源的循环利用，减少废弃物对环境的压力。

二、农产品物流配送体系优化

（一）物流设施与技术改进

提高农产品仓储设施的建设水平，是保障农产品储存安全的基础。这就要求仓储设施不仅要具备足够的容量，以满足农产品的季节性储存需求，还要具备良好的温湿度控制系统，以防止农产品在储存过程中因温度、湿度不当而发生变质。通过引入现代化仓储设计理念，如自动化仓储系统、智能温湿度监控系统等，可以大幅提高仓储设施的运营效率和管理水平，确保农产品在储存期间的安全与质量。推广先进的物流设备，特别是冷链物流设备，对于降低农产品在运输过程中的损耗至关重要。冷链物流设备能够保持农产品在运输过程中的低温环境，有效延长农产品的保鲜期，减少因温度变化导致的品质下降和损耗。这要求物流企业在设备选型上注重先进性和适用性，既要满足农产品的保鲜需求，又要考虑设备的经济性和运行效率。加强冷链物流设备的维护和保养，确保其长期处于良好运行状态，为农产品的安全运输提供有力保障。运用物联网、大数据等技术，提高农产品物流配送的智能化水平，是提高物流效率和服务质量的关键。物联网技术可以实现农产品在物流过程中的实时跟踪和监控，确保物流信息的准确性和及时性。大数据技术则能够对农产品物流数据进行深度挖掘和分析，为物流决策提供科学依据，优化物流路径和配送方案，降低物流成本。通过构建农产品物流配送的智能化平台，可以实现物流资源的优化配置和高效利用，提升农产品物流配送的响应速度和服务水平。

（二）物流信息平台建设

建立全国性的农产品物流信息平台，是实现农产品流通信息实时共享的重要基础。这一平台能够整合全国范围内的农产品物流资源，包括产地、运输、仓储、销售等多环节的信息，形成全面、准确的数据网络。通过实时更新与共享，各参与方能够迅速获取市场动态，及时调整物流策略，优化资源配置，从而显著提高农产品流通的协同性与效率。推动农产品物流企业与上下游企业间的信息互联互通，是提高物流协同效率的关键。信息平台的建设，应打破信息孤岛，促进农产品供应链上下游企业间的信息共享与协同作业。通过数据交换与接口对接，物流企业能够实时获取上游供应商的生产信息与下游客户的订单需求，实现精准对接与快速响应。这种信息协同，不仅能够减少物流过程中的信息不对称，降低运营成本，还能够提高物流服务的满意度与可靠性，增强农产品物流企业的市场竞争力。利用大数据分析技术，为农产品物流配送提供精准的数据支持，是提高物流效率的重要手段。通过对物流信息平台上的海量数据进行深度挖掘与分析，可以揭示农产品流通的规律与趋势，为物流决策提供科学依据。例如，通过分析历史销售数据，可以预测农产品的需求变化，提前规划物流路线与运力安排，避免拥堵与资源浪费。大数据分析还能够实现农产品质量的精准把控，提高食品安全水平，增强消费者信任。

(三) 物流资源配置优化

当前,农产品物流领域存在着资源分散、利用效率低等问题,这直接影响了物流配送的效率。通过整合现有物流资源,包括仓储设施、运输车辆、装卸设备等,可以实现资源的集中管理和高效利用。这不仅能够减少资源的闲置和浪费,还能够提升物流服务的响应速度和可靠性,为农产品的高效流通提供有力保障。

加强农产品物流配送网络建设,是提高物流配送覆盖范围的重要手段。一个完善的物流配送网络,能够确保农产品从产地到目的地的无缝衔接,减少中间环节,提高流通效率。这需要物流企业加大投入,优化配送线路,增加配送节点,提升配送网络的覆盖广度和深度。加强与农产品生产基地、批发市场、零售终端等的合作,形成紧密的物流联盟,实现物流资源的共享和协同。

推动农产品物流配送企业与第三方物流企业合作,是实现优势互补、提高物流配送效率的有效途径。农产品物流配送企业通常专注于农产品的特性和流通需求,而第三方物流企业则在物流技术、管理经验、服务网络等方面具有显著优势。通过双方的合作,可以实现资源的互补和共享,提升物流配送的专业化和精细化水平。例如,农产品物流配送企业可以借助第三方物流企业的先进技术和管理经验,提升物流服务的智能化和自动化水平;而第三方物流企业则可以通过与农产品物流配送企业的合作,拓展业务领域,提高市场竞争力。

在优化农产品物流资源配置的过程中,还需要注重信息化和智能化的应用。通过引入物联网、大数据、云计算等现代信息技术,可以实现对物流资源的实时监控和智能调度,提高物流配送的精准度和效率。加强物流信息的共享和交换,促进物流资源的优化配置和高效利用,为农产品物流配送的智能化、网络化发展奠定坚实基础。

三、农产品市场体系优化

（一）市场结构优化

加强农产品市场体系建设是提高市场集中度的关键。通过整合零散的市场资源，建立统一、规范的农产品市场，能够显著提高市场的运作效率与提升服务质量。市场集中度的提升，有助于形成规模效应，降低运营成本，提高农产品流通的竞争力。完善的市场体系能够增强市场信息的透明度，减少信息不对称，为农产品流通提供更加准确的市场导向。鼓励农产品流通企业拓展多元化市场，是降低市场风险的有效途径。农产品流通企业应积极寻求新的市场机会，通过拓展国内外市场，分散经营风险，提高抵御市场波动的能力。多元化市场的拓展，不仅能够增加农产品的销售渠道，提高市场占有率，还能够促进农产品的多样化与差异化发展，满足消费者日益增长的个性化需求。推动农产品市场与电商平台融合发展，是拓宽农产品销售渠道的重要方向。电商平台以其便捷、高效的特点，为农产品流通提供了新的机遇。通过电商平台，农产品可以突破地域限制，实现全国乃至全球范围内的销售。这种线上线下相结合的方式，不仅能够扩大农产品的销售范围，提高农产品的知名度与品牌影响力，还能够通过数据分析，精准把握市场需求，实现农产品的精准营销。

（二）市场秩序规范

加强农产品市场监管是打击假冒伪劣等违法行为的有效手段。通过建立健全市场巡查机制，对市场内的农产品进行定期或不定期的检查，确保农产品来源清晰、质量可靠。对于发现的假冒伪劣产品，要依法进行严厉打击，通过罚款、没收违法所得、吊销营业执照等手段，形成强大的震慑力，维护市场秩序。加强消费者教育和宣传，提高消费者对农产品质量安全的认知和辨识能力，让消费者成为监督市场的重要力量。

建立健全农产品市场准入制度，是提高市场经营主体素质的关键。市场准入制度的设立,旨在从源头上把控农产品质量。通过制定严格的市场准入标准,对进入市场的农产品进行严格的检验和认证,确保只有符合质量标准的农产品才能进入市场流通。这要求市场经营主体具备相应的资质和条件,如拥有合法的经营许可、完善的仓储和物流设施、专业的质量管理人员等。市场准入制度的实施,可以促使市场经营主体不断提升自身素质,提高农产品质量安全管理水平。

加强农产品市场信用体系建设,是提高市场诚信水平的重要途径。市场信用体系的建设,旨在构建以信用为基础的市场环境,让守信者受益、失信者受限。通过建立农产品经营主体的信用档案,记录其经营行为、产品质量、消费者评价等信息,形成全面的信用评价体系。对于信用良好的经营主体,可以给予一定的机制支持和优惠,如优先采购、税收优惠等;对于信用较差的经营主体,则要进行相应的惩戒和限制,如限制其市场准入、降低其信用等级等。通过市场信用体系的建设,可以形成有效的激励和约束机制,推动市场经营主体自觉遵守市场秩序,提高农产品质量安全水平。

第二节 农村电子商务发展

一、农村电子商务发展的关键因素

(一) 农村电商市场的需求分析

随着互联网技术的广泛普及,农村地区的信息化建设步伐日益加快,为电子商务在这片广袤土地上蓬勃发展铺设了坚实的基石。这一趋势不仅为农村地区带来了前所未有的发展机遇,更为农村经济的转型升级注入了强劲动力。

在农产品销售领域,农村电商平台的兴起,为农产品打开了全新的销售渠道。传统的农产品销售模式往往受限于地域、信息等因素,难以走出本地市场,农民面临销售难、收入低等问题。而农村电商平台的出现,打破了这一瓶颈,将农产品与全国乃至全球的消费者紧密相连。农民通过电商平台,可以直接将农产品销售给终端消费者。这减少了中间环节,提高了销售效率,从而有效解决了农产品销售难题,大幅提升了农民的收入水平。

在农业生产资料购买方面,电商平台的引入,同样为农民带来了实实在在的便利与实惠。以往,农民在购买种子、化肥、农药等农业生产资料时,往往需要耗费大量时间和精力,且容易受到价格不透明、质量参差不齐等问题困扰。而今,随着电商平台的普及,农民只需点击鼠标,就能轻松浏览到各类农业生产资料的信息,进行价格比较,选择性价比高的产品。这不仅降低了农民的购买成本,还提高了农业生产资料的品质与效率,为农业生产的高效发展提供了有力支撑。

在农村居民消费升级方面,电商平台的崛起,更是为农村居民带来了前所未有的消费体验。随着生活水平的提高,农村居民对高品质生活的追求日益增强。电商平台以其丰富的商品种类、便捷的购物方式、优惠的价格策略,满足了农村居民多样化的消费需求。从家用电器到日用百货,从服装鞋帽到美食特产,农村居民只需动动手指,就能享受到与城市居民同等的消费体验,极大地丰富了农村居民的物质生活与精神世界。

(二) 农村电商的供应链管理

供应链管理在农村电商发展中扮演着核心角色,其有效性直接关系到农产品的质量保障、物流成本的降低以及配送效率的提高。在农产品生产环节,标准化生产是确保农产品品质的关键。通过制定并执行严格的农业生产标准,包括种植、养殖、采摘、加工等各个环节的规范化操作,可以大幅提升农产品的质量和安全性。建立质量追溯体系,对农产品的生产全过程进行记录和追踪,确保每一环节都可追溯、可控制,为消费者提供安全、放心的农产品。

农产品流通环节,则是降低物流成本、提高配送速度的重要一环。冷链物流的应用,可以确保农产品在运输过程中保持适宜的温度和湿度,减少损耗,延长保质期。通过集货配送模式,将多个订单的农产品集中在一起进行配送,可以优化物流路径,降低单次配送的成本。此外,利用先进的物流技术和设备，如智能仓储系统、自动化分拣设备等，可以进一步提高物流效率，缩短配送时间，提升客户满意度。

电商平台与供应商的协同管理，是实现精准库存管理、减少库存压力的关键。通过大数据分析，电商平台可以实时掌握市场需求的变化趋势，预测未来一段时间内的销售情况。基于此，电商平台可以与供应商进行紧密合作，共同制定合理的库存计划，避免库存积压或缺货现象的发生。通过信息共享和协同作业，电商平台可以实时了解供应商的库存情况，及时调整采购策略，确保供应链的畅通。

在供应链管理过程中，还需要注重信息技术的应用。通过引入物联网、区块链等先进技术，可以实现农产品的全程可视化监控和追溯，提高供应链的透明度和可追溯性。利用云计算、大数据等技术，可以对供应链数据进行深度挖掘和分析，为决策提供科学依据，优化供应链管理流程，提高整体运营效率。

（三）农村电商的物流配送体系

加强农村物流基础设施建设，是提升农村物流配送能力的基石。通过修建与升级乡村道路、增设物流站点与仓储设施，农村地区的物流网络得以延伸，配送覆盖面得到扩大，为农产品的快速流通与城乡物资的便捷交换提供了有力支撑。在配送模式上，创新成为推动农村物流效率提高的关键。共同配送模式的推广，通过整合多家企业的配送需求，实现资源的共享与优化配置，降低了单件配送的成本，提高了配送效率。无人机配送等高科技手段的应用，则打破了地形与交通条件的限制，为偏远农村地区的物流配送带来了革命性的改变，使得农产品能够更快捷地被送达消费者手中，同时也为农村居民提供了更为便捷的购物体验。电商平台的大数据优势，则为农村物流配送的智能化提供了可能。通过对大量交易数据的分析，电商平台能够精准预测农产品的销售趋势与消费者的需求变化，从而优化物流配送路径，减少车辆空驶率与等待时间，降低物流成本。这种基于数据的精准调度，不仅提高了农村物流的效率，还促进了农村电商市场的繁荣，为农村经济的持续发展注入了新的活力。

（四）农村电商的支付与金融服务

随着移动支付技术的飞速发展和网络贷款等金融业务的日益普及，农村电商的支付与金融服务环境得到了显著改善。支付宝、微信支付等第三方支付工具的广泛应用，为农村电商交易带来了前所未有的便捷性。这些支付工具不仅支持多种支付方式，如银行卡支付、余额支付、信用支付等，还具备高效、安全、实时到账等特点，极大地缩短了交易时间，提高了交易效率。消费者在购买农产品时，只需通过智能手机即可完成支付，无须携带现金或银行卡，大大简化了购物流程，提升了购物体验。金融服务的不断创新也为农村电商提供了强有力的支持。网络贷款业务的兴起，为农村电商解决了资金短缺的难题。通过在线申请、快速审批、灵活还款等流程，农村电商经营者可以轻松获得所需资金，用于扩大经营规模、提升产品质量、优化物流体系等，从而推动农村电商的快速发展。此外，保险业务的拓展也为农村电商提供了全面的风险管理支持。农产品在生产、加工、运输等各个环节都可能面临自然灾害、市场波动等风险。通过购买相应的保险产品，农村电商经营者可以有效降低这些风险带来的损失，从而提高经营的稳定性和可持续性。支付与金融服务的改善，不仅解决了农村电商发展过程中的资金瓶颈问题，还提升了农村电商的整体竞争力。便捷的支付手段和创新的金融服务，为农村电商提供了更加广阔的发展空间和更加坚实的保障基础，有助于吸引更多的消费者和投资者关注农村电商，推动农村电商市场的繁荣和发展。

二、农村电子商务的发展策略

（一）提升农民电商知识与技能培训

为了助力农民更好地融入电商领域，系统且全面的电商知识与技能培训显得尤为重要。这类培训应当涵盖电商的基础知识，包括电商平台的选择与注册、商品上架与信息撰写、在线支付与交易安全等，确保农民能够掌握电商运营的基本知识。在店铺运营方面，培训应深入讲解如何制定店铺策略、优化商品展示、管理库存与订单处理，以及客户服务与售后支持，帮助农民建立起高效且专业的店铺运营模式。网络营销策略也是培训的重点之一，包括搜索引擎优化、社交媒体营销、内容营销等，使农民能够利用多样化的营销手段，吸引目标客户，提升店铺流量与转化率。为了增强培训的实战性，可以通过案例分析，让农民了解成功电商案例背后的策略与执行细节，从中汲取经验与灵感。实操演练环节则让农民在模拟或真实的电商环境中，亲手操作店铺运营与网络营销。农民通过实践加深理解，掌握电商技能，从而提升在电商领域的竞争力，为农村电子商务的发展贡献力量。

（二）加强农产品品牌建设与推广

引导农民树立品牌意识，是品牌建设的第一步。通过教育和培训，让农民认识到品牌对于农产品销售的重要性，理解品牌能够带来的附加值和市场竞争力。只有当农民真正意识到品牌的力量，才会主动投入品牌建设中，为农产品的品质提升和特色打造贡献力量。加强农产品品质管理，是品牌建设的基础，从种植、养殖到加工、包装，每一个环节都需要严格把控，确保农产品的质量与安全。通过引入先进的农业技术和科学的管理方法，提高农产品的产量和品质，使其在市场上具有更强的竞争力。建立农产品质量追溯体系，让消费者能够清晰地了解农产品的来源和生产过程，增强对农产品的信任感。每个地区都有其独特的自然环境和人文历史，这些元素都可以融入农产品品牌中，形成独特的品牌故事和品牌形象。通过挖掘和传承地域文化，让农产品品牌更具文化内涵和地域特色，从而吸引消费者的关注和喜爱。利用电商平台和社交媒体进行品牌推广，是提高品牌知名度和美誉度的有效途径。电商平台为农产品提供了更广阔的市场空间。通过线上销售，可以让农产品走向全国乃至全球。利用社交媒体平台进行品牌推广，如微信、微博、抖音等，可以迅速扩大品牌的影响力，提高品牌的知名度和美誉度。通过发布农产品的种植、养殖、加工过程，展示农产品的品质和特色，让消费者更加了解品牌，增强对品牌的认同感和忠诚度。

（三）促进农业产业与电商深度融合

农业产业与电商的深度融合，为农业的发展注入了新的活力。通过电商大数据分析，农业生产可以获得前所未有的精准指导。电商平台积累了大量的消费者行为数据，包括消费偏好、购买趋势等，这些数据经过深入挖掘与分析，能够为农业生产提供定制化的市场需求信息。基于这些信息，农业生产者可以调整种植结构，实现农产品的定制化与差异化生产，满足市场上日益多样化的消费需求，进而提升农产品的附加值。电商平台作为连接生产与消费的桥梁，其强大的信息传播与资源整合能力，为农业产业链的优化升级提供了有力支持。在电商平台的推动下，农业产业链各环节可以实现更加紧密的合作与协同，从种子选育、种植管理、收获加工到销售配送，每一个环节都能得到优化与提升。这不仅降低了农业生产成本，提高了生产效率，还使得农产品能够更快更好地触达消费者，从而实现农业产业与电商的互利共赢。电商平台的广泛应用，提高了农业信息的透明化程度，减少了信息不对称，为农业生产者提供了更加准确的市场导向，农业生产者可以根据市场需求的变化，灵活调整生产计划，避免盲目生产导致的资源浪费与市场风险。

（四）推动农村电商创新创业

激发农民、返乡创业人员及大学生的创新热情，将他们的智慧与农村的丰富资源相结合，能够为农村经济注入新的活力。因此，需构建一套完善的创新创业支持体系，确保电商创新创业项目能够在农村这片沃土上生根发芽。

第一，搭建创新创业平台是基础。这包括设立农村电商孵化中心、创业园区等，为创业者提供集办公、仓储、物流于一体的综合服务。平台不仅要具备完善的硬件设施，更需注重软件服务的提升，如引入电商运营专家、技术顾问等，为创业者提供一对一的指导和培训，帮助他们快速掌握电商运营的精髓。

第二，提供技术支持是保障。农村电商创业者往往面临技术瓶颈，特别是在网站建设、数据分析、营销推广等方面。因此，需加强技术培训与交流，通过线上线下的方式，让创业者能够接触到最新的电商技术和工具，不断提升自身的专业能力。鼓励技术企业深入农村，与创业者建立长期合作关系，提供定制化的技术解决方案。

第三，资金扶持是动力。创业初期，资金短缺是农村电商创业者普遍面临的问题。为此，应设立专项创业基金，为符合条件的农村电商项目提供启动资金、贷款贴息等支持。引入风险投资、天使投资等社会资本，拓宽融资渠道，降低创业者的资金压力。

第四，市场拓展是目标。通过组织电商展销会、对接会等活动，为农村电商创业者搭建展示产品、对接市场的平台。利用电商平台的大数据资源，分析消费者需求，帮助创业者精准定位市场，优化产品结构，提升市场竞争力。

第三节　农产品品牌化与市场营销

一、农产品品牌化策略构建

（一）品牌定位明确

1. 目标市场需求分析与消费群体定位：深度挖掘与精准定位

在农产品品牌化的复杂旅程中，首要且关键的步骤是深入理解并精确捕捉目标市场的需求动态。这不仅仅是一个数据收集的过程，更是一次深入消费者生活、调整其潜在需求与未来趋势的深度调研。以某高端有机蓝莓品牌为例，该品牌团队通过多维度、多层次的市场调研，不仅获取了市场规模、增长趋势等基本数据，还深入挖掘了消费者的具体需求与偏好。他们发现，随着健康饮食观念的深入人心，城市中高收入群体对高品质、无污染的有机食品表现出了强烈的购买意愿。特别是年轻父母群体，他们更加注重食品安全与营养健康，愿意为孩子的健康成长投资，对富含抗氧化物、有助于视力发育的有机蓝莓产生了浓厚的兴趣。

基于这一深入的市场调查，品牌明确将目标消费群体锁定为城市中高收入家庭，特别是那些注重健康饮食、有适龄儿童的家庭。这一精准定位不仅有助于品牌后续的产品开发与营销策略制定，更确保了品牌信息能够直接、有效地触达最可能产生购买行为的消费者群体，从而提高品牌的市场占有率和忠诚度。

2. 品牌特色提炼与视觉识别系统构建：差异化优势与品牌形象深度塑造

明确了目标市场与消费群体后，下一步是提炼农产品的独特卖点，构建具有差异化的品牌形象。继续以高端有机蓝莓品牌"蓝韵天成"为例，该品牌深知在竞争激烈的农产品市场中，只有突出自身的差异化优势，才能赢得消费者的青睐。因此，在品牌特色提炼上，品牌团队不仅强调了蓝莓种植过程中的全程有机管理，如使用天然肥料、生物防治病虫害等环保措施，以彰显产品的纯净与健康；还通过精选优质品种、采用先进的种植技术和管理模式，确保每一颗蓝莓都达到最佳的口感与营养价值，从而体现出"高端"的品质定位。

在视觉识别系统的构建上，品牌团队同样投入了大量的精力与创意。品牌名称"蓝韵天成"寓意着蓝莓的自然之美与天成之质。标志设计则巧妙地将蓝莓元素与有机认证的标志融合在一起，既直观展示了产品的特性与优势，又增强了消费者的信任感与认同感。包装设计上，品牌采用了环保材料，配以清新自然的色调与简约而不失高雅的风格，既符合有机产品的理念与定位，又提升了产品的整体质感与档次。这样的视觉识别系统不仅使品牌在众多竞争者中脱颖而出，更让消费者在第一眼接触时就能感受到品牌的独特魅力与高品质承诺。

（二）品质控制与提升

1. 构建全面的农产品质量控制体系

在农产品品牌化的进程中，品质是基石，是赢得消费者信任与忠诚的关键。因此，建立一套严格而全面的质量控制体系至关重要。这一体系应涵盖从生产源头到销售终端的每一个环节，确保农产品在种植、采摘、加工、包装、运输等全过程中都遵循高标准的质量要求。具体来说，这意味着要制定详细的操作规程，明确各项质量指标，如农药残留、重金属含量、微生物污染等，并严格执行。加强对生产人员的培训，增强他们的质量意识和操作技能，确保每一环节都能达到既定的质量标准。

2. 引入现代农业技术，提升品质与产量

随着科技的进步，现代农业技术为农产品的品质控制与提升提供了强有力的支持。通过引入先进的种植技术、生物技术和智能农业系统，可以显著提升农产品的品质和产量，从而增强品牌的竞争力。例如，利用精准农业技术，可以根据土壤、气候等条件，为农作物提供最优化的生长环境，提高农产品的口感和营养价值。通过生物技术的应用，可以培育出抗病虫害、耐受不良环境的新品种，减少农药和化肥的使用，提升农产品的安全性和环保性。这些现代农业技术的应用，不仅提升了农产品的品质，还提高了生产效率，为品牌的持续发展奠定了坚实的基础。

3. 定期品质检测与持续改进机制

品质控制是一个持续的过程，需要定期进行品质检测，及时发现问题并采取措施进行改进。这要求品牌建立一套完善的品质检测体系，包括定期抽样检测、消费者反馈意见收集、市场监督机制等环节。通过定期抽样检测，可以及时发现农产品在品质上存在的问题，如异味、变质、污染等，并立即追溯问题源头，采取相应措施进行整改。积极收集消费者的反馈意见，了解市场对农产品的评价和需求，为品质改进提供有价值的参考。此外，还应建立市场监督机制，对销售终端的农产品进行定期巡查，确保农产品的品质始终保持高水平。通过这一系列措施，可以不断完善品质控制体系，提升农产品的品质稳定性，从而维护品牌形象，赢得消费者的长期信任与支持。

（三）品牌故事与文化塑造

1. 挖掘历史渊源，构建品牌故事

在农产品品牌化的征程中，品牌故事是连接产品与消费者情感的桥梁，是传递产品独特价值与文化内涵的重要载体。为了构思引人入胜的品牌故事，

首先需要深入挖掘农产品的历史渊源、文化背景和独特价值。这不仅仅是对产品本身特征的挖掘，更是对其背后所承载的地域文化、民俗风情、历史传承的深刻理解与提炼。

通过品牌故事的构建，农产品不再仅仅是满足口腹之欲的商品，而是成为承载着历史记忆、文化情感和独特价值的艺术品。品牌故事能够激发消费者的情感共鸣，增强他们对品牌的认同感和忠诚度。

2. 传播文化内涵，深化消费者体验

品牌故事的传播是农产品文化塑造的关键环节。通过多渠道的传播策略，如社交媒体、广告宣传、线下活动等，可以将农产品的文化内涵广泛传递给目标消费者群体。在传播过程中，要注重情感的传递和共鸣的激发，让消费者在了解品牌故事时感受到品牌所传递的价值观和情感温度。此外，举办农产品文化节、体验活动等是深化消费者体验的有效途径。通过这些活动，消费者可以亲身体验农产品的生产过程，了解产品的文化背景和独特价值，从而加深对品牌的认知和了解。例如，可以组织消费者参观农田、参与农产品采摘、体验传统手工艺制作等，让消费者在亲身体验中感受到品牌的魅力和文化底蕴的深厚。这些活动也是品牌与消费者建立情感联系的绝佳机会。通过互动和交流，品牌可以更好地了解消费者的需求和期望，从而不断优化产品和服务，提升品牌的竞争力和市场地位。而消费者则能在活动中感受到品牌的关怀和尊重，增强对品牌的信任和支持。

二、市场营销渠道优化与创新

（一）传统渠道巩固与提升策略

在传统渠道巩固与提升的过程中，关键在于深化与现有合作伙伴的关系，同时不断优化销售网络的布局与提高效率。

加强与批发市场、零售商的合作，具体做法如下。

1. 深化合作关系，构建共赢机制

在传统渠道中，批发市场与零售商是农产品流通的关键环节。为了巩固

这些渠道，企业应首先加强与它们的合作关系。这可以通过定期举办供需对接会、产品推介会等形式，增进双方的了解与信任。建立长期稳定的合作机制，如签订年度合作协议、提供优惠机制等，以确保双方利益的最大化。此外，企业还可以与批发市场、零售商共同开展营销活动，如联合促销、品牌推广等，以提升农产品的知名度和市场占有率。在合作过程中，企业应注重沟通与交流，及时了解批发市场和零售商的需求与反馈。通过定期的市场调研和满意度调查，企业可以掌握市场动态，调整产品结构和销售策略，以满足市场的不断变化。企业还可以为批发市场和零售商提供培训和支持，帮助它们提升销售能力和服务水平，从而实现双方的共同成长。

2. 拓宽销售渠道，实现多元化发展

除了深化与现有合作伙伴的关系外，企业还应积极拓宽销售渠道，实现多元化发展。这可以通过开发新的批发市场、拓展零售网络、进军线上销售平台等方式实现。在开发新的批发市场时，企业应对目标市场进行深入调研，了解当地的消费习惯和需求特点，以制定有针对性的销售策略。在拓展零售网络时，企业可以通过与连锁超市、便利店等合作，将农产品销往更广泛的区域。进军线上销售平台也是当前市场趋势下的重要选择，企业可以利用电商平台、社交媒体等渠道，开展线上销售和推广活动，以吸引更多年轻消费者。

（二）提高销售渠道的效率和提升服务质量

1. 优化物流体系，确保及时送达

在农产品销售过程中，物流体系的效率直接关系到产品的送达时间和新鲜度。因此，企业应重视物流体系的优化和建设。可以通过建立完善的冷链物流系统、提高运输设备的现代化水平、加强物流人员的培训和管理等方式实现。企业还应与物流公司建立紧密的合作关系，确保农产品在运输过程中的安全和及时送达。通过优化物流体系，企业可以降低运输成本、提高送达效率，从而提升消费者的满意度和忠诚度。在物流体系的建设中，企业还应注重信息化技术的应用。通过引入先进的物流管理系统、建立实时的物流跟踪系统等方式，企业可以实现对物流过程的全程监控和管理。这不仅可以提高物流效率，还可以及时发现和解决潜在的问题，确保农产品的顺利送达。

2. 定期评估调整，优化销售网络布局

通过对销售数据的分析、市场调研的反馈、消费者的意见等方式进行定期评估、调整。在评估过程中，企业应关注销售渠道的覆盖率、销售额、利润率等指标，以发现潜在的问题和机会。企业还应根据市场变化和消费者需求的变化，及时调整销售网络布局。例如，对于销售额较低或竞争激烈的区域，企业可以考虑减少投入或撤出市场；对于销售额较高或增长潜力较大的区域，企业则应加大投入和拓展市场。通过定期评估和调整，企业可以保持销售渠道的灵活性和适应性，更好地满足市场需求和消费者期望。

（三）电商渠道拓展：农产品品牌的新蓝海

1. 打破地域限制，开启线上销售新篇章

在数字化时代，电商渠道为农产品销售提供了前所未有的机遇。传统农产品销售往往受限于地域、物流等因素，难以触达更广泛的消费者群体。而通过电商平台，农产品可以轻松突破地理界限，实现全国乃至全球范围内的销售。这不仅扩大了农产品的市场覆盖面，还为品牌带来了更多的曝光机会和潜在客户。电商平台为农产品提供了丰富的展示空间和便捷的购买渠道。消费者只需点击鼠标或轻触手机屏幕，就能浏览到来自各地的优质农产品，了解产品的详细信息、品牌故事和消费者评价。这种线上销售模式不仅方便了消费者，也为农产品品牌提供了更广阔的市场舞台。

2. 建立电商平台店铺，打造品牌展示窗口

在电商平台上建立农产品店铺，是品牌展示和产品销售的重要一环。店铺设计应注重美观与实用相结合，既要突出品牌的特色和风格，又要便于消费者浏览和购买。产品信息要详尽准确，包括产品名称、规格、价格、产地等，食品应标明营养成分、食用方法等，让消费者一目了然。品牌故事和消费者评价也是店铺不可或缺的内容，它们能够增强品牌的吸引力和信任度。为了提高店铺的吸引力和销售转化率，还可以运用图片、视频、直播等多种

形式展示农产品。例如，通过高清图片展示农产品的外观和细节；通过视频介绍农产品的种植过程、采摘场景和烹饪方法；通过直播与消费者进行实时互动，解答疑问，增强消费者的购买意愿。

3. 运用大数据分析，精准推送农产品信息

在电商渠道中，大数据分析是提升销售转化率的关键工具。通过收集和分析消费者的浏览记录、购买行为、偏好等信息，可以深入了解消费者的需求和喜好。基于这些数据，品牌可以制订更精准的营销策略，推送符合消费者需求的农产品信息。例如，根据消费者的购买历史和浏览记录，可以为其推荐相似的农产品或搭配套餐；根据消费者的地理位置和气候条件，可以推送适合当地食用的农产品；根据消费者的年龄、性别、职业等特征，可以推送符合其特定需求的农产品。这种精准推送不仅提高了销售转化率，还提升了消费者的购物体验和满意度。

4. 优化物流与售后服务，提升消费者体验

在电商渠道中，物流和售后服务是影响消费者体验和品牌口碑的重要因素。对于部分农产品而言，由于其易腐易损的特性，对物流的要求更高。因此，品牌应选择与信誉良好、服务优质的物流公司合作，确保农产品在运输过程中的新鲜度和完整性。建立完善的售后服务体系也是必不可少的。品牌应设立专门的客服团队，及时解答消费者的疑问和问题，处理退换货等售后事宜。对于消费者的反馈和投诉，品牌应认真对待，及时改进和优化产品和服务。通过优质的物流和售后服务，品牌可以赢得消费者的信任和忠诚，为品牌的长期发展奠定坚实的基础。

（四）新兴渠道探索与尝试策略

1. 关注社交媒体，利用新兴渠道进行品牌推广和销售

社交媒体作为当前最具影响力的信息传播平台之一，为农产品的品牌推广和销售提供了广阔的空间。企业应积极关注社交媒体的发展趋势，如微信、微博、抖音等平台，利用这些平台的用户基数大、传播速度快的特点，进行农产品的品牌宣传和销售推广。通过发布农产品种植、加工、运输等全过程的短视频或图文信息，让消费者更直观地了解农产品的品质和来源，从而增强消费者的信任感和购买意愿。

企业还可以利用社交媒体平台的广告投放功能，精准定位目标消费者群体，提高广告的投放效果和转化率。此外，通过社交媒体平台的互动功能，如评论、点赞、分享等，企业可以与消费者建立更紧密的联系，及时了解消费者的需求和反馈，从而不断优化产品和服务。

2. 与知名网络主播、意见领袖合作，带动农产品销售

网络主播和意见领袖作为社交媒体上的重要力量，具有广泛的影响力和粉丝基础。与他们合作，可以让农产品更快地进入消费者的视野，提高品牌的知名度和美誉度。企业可以通过与知名网络主播、意见领袖签订合作协议，让他们代言或推荐自己的农产品。这些网络主播和意见领袖通过自己的社交媒体平台，如直播、短视频、图文等，向粉丝展示农产品的品质和口感，从而引发消费者的购买兴趣。

在选择合作对象时，企业应注视网络主播和意见领袖的专业性和影响力。选择与农产品相关领域的网络主播和意见领袖合作，可以更准确地触达目标消费者群体，提高合作效果。企业还应与网络主播和意见领袖保持良好的沟通和合作关系，确保他们能够更好地理解和传达农产品的特点和优势，从而带动农产品的销售。

3. 探索社区团购、拼团等新型消费模式，满足消费者多样化需求

随着消费者需求的日益多样化，传统的销售模式已经难以满足市场的全部需求。因此，企业应积极探索新型消费模式，如社区团购、拼团等，以满足消费者的多样化需求。社区团购是指通过社交媒体平台或专门的团购App，将同一社区的消费者组织起来，以团购的方式购买农产品。这种模式可以降低消费者的购买成本，提高购买效率，同时也有助于企业更好地了解消费者的需求和偏好。

拼团模式则是指消费者通过社交媒体平台或拼团App，自发组织团购活动，以更低的价格购买农产品。这种模式可以激发消费者的购买热情，提高农产品的销售量。通过拼团活动，企业还可以收集消费者的反馈和意见，以

便更好地优化产品和服务。

在探索新型消费模式的过程中,企业应注重与消费者的互动和沟通。通过社交媒体平台或专门的客服渠道,及时解答消费者的疑问和问题,提高消费者的满意度和忠诚度。

三、品牌传播与市场推广实践

(一)广告宣传与媒体合作:提升品牌知名度的双轮驱动

1. 制定广告宣传计划,精准选择媒体投放

在农产品品牌化的进程中,广告宣传是提升品牌知名度、塑造品牌形象的重要手段。为了确保广告宣传的有效性和针对性,首先需要制订一份周密的广告宣传计划。这份计划应明确广告的目标受众、宣传主题、投放时间、预算分配等关键要素,为后续的媒体选择和投放提供清晰的指导。

在制定计划的基础上,选择合适的媒体平台进行投放是至关重要的一步。不同的媒体有着不同的受众群体和传播效果,因此需要根据品牌的定位和目标受众来精准选择。例如,对于面向中老年消费者的农产品品牌,可以选择在电视台的黄金时段投放广告,利用电视媒体的广泛覆盖率和影响力,快速提升品牌知名度。而对于年轻消费者群体,则可以考虑在互联网广告平台上进行精准投放,利用大数据和人工智能技术,将广告推送给对农产品感兴趣的目标用户,提高广告的宣传效率和效果。

2. 多渠道媒体合作,构建全方位宣传网络

传统媒体如电视台、广播电台、报纸等,在长期的发展过程中积累了大量的受众群体和影响力,是品牌宣传不可或缺的重要渠道。通过与这些传统媒体合作,可以借助其广泛的传播网络和专业的宣传能力,将品牌信息传递给更多的消费者,提高品牌的知名度和影响力。互联网广告平台作为新兴的宣传渠道,具有精准投放、效果可追踪等优势,也是品牌宣传的重要阵地。利用互联网广告平台,可以根据消费者的浏览记录、购买行为等数据,进行精准的广告投放,提高广告的曝光率和宣传效率。此外,还可以通过社交媒

体、短视频平台等新兴媒体,开展品牌宣传和推广活动,与消费者进行互动和交流,增强品牌的亲和力和吸引力。

(二) 公关活动与事件营销策略

1. 举办农产品发布会、品鉴会等公关活动

其一,精心策划,展示品质与形象。农产品发布会和品鉴会是展示农产品品质和品牌形象的重要窗口。企业应通过精心策划,确保这些活动能充分展现农产品的独特魅力和价值。在发布会和品鉴会上,企业可以邀请行业专家、媒体代表、消费者等各方人士参与,通过现场讲解、演示、品尝等方式,让他们亲身体验农产品的品质和口感。同时,企业还可以结合农产品的特点和市场定位,设计富有创意和吸引力的活动环节,如互动游戏、抽奖活动等,以增加活动的趣味性和参与度。在举办这些活动时,企业应注重活动的整体形象和氛围营造。通过精心布置的场地、专业的讲解人员、优质的农产品展示等方式,营造出高品质、高格调的活动氛围,从而提升农产品在消费者心中的形象和地位。

其二,加强宣传,扩大影响力。通过媒体报道、社交媒体传播、口碑相传等方式,将活动的信息传递给更多的消费者和潜在客户。同时,企业还可以利用活动的契机,发布农产品的最新动态和优惠信息,吸引消费者的关注和购买意愿。通过加强宣传和推广工作,企业可以扩大活动的影响力和覆盖面,进一步提升农产品的知名度和美誉度。

2. 参与或举办与农产品相关的展览、比赛等活动

(1) 提升品牌影响力和美誉度

参与或举办与农产品相关的展览、比赛等活动是提升品牌影响力和美誉度的有效途径。通过参加这些活动,企业可以将农产品展示给更多的观众和评委,让他们了解农产品的品质和特点。同时,在比赛中获得奖项和荣誉,也可以为企业和农产品增添光环和信誉,从而提升品牌在消费者心中的地位和形象。在参与这些活动时,企业应注重农产品的展示方式和效果。通过精美的包装、创意的展示方式、详细的解说等方式,让观众和评委能够

更直观地了解农产品的品质和价值。同时，企业还应积极与活动主办方、其他参展商等各方人士进行交流和合作，共同推动农产品行业的发展和进步。

（2）把握时机，开展主题营销活动

企业可利用节假日、纪念日等时机，开展主题营销活动。结合农产品的特点和市场定位，设计富有创意和吸引力的营销活动方案，如限时折扣、买赠活动、品鉴会等，吸引消费者的关注和购买意愿。同时，企业还可以利用社交媒体等渠道进行活动的宣传和推广工作，扩大活动的影响力和覆盖面。在开展主题营销活动时，企业应注重活动的时效性和针对性。通过准确把握节假日、纪念日等时机的特点和消费者的需求变化，制定切实可行的活动方案和执行计划。同时，企业还应加强活动的监控和评估工作，及时发现问题并进行调整和优化，确保活动的顺利进行和取得预期的效果。

（三）口碑营销与社群运营

1. 建立全面而细致的消费者反馈机制，实现产品与服务的持续优化

在农产品品牌的口碑营销中，消费者反馈是品牌成长的基石。为了构建一个全面而有效的反馈机制，品牌需要采取多管齐下的策略。首先，应设计一套详尽的在线调查问卷，涵盖产品质量、服务态度、包装设计等多个方面，确保能够全面捕捉消费者的意见和建议。其次，设立24小时客服热线，为消费者提供即时的咨询和投诉渠道，确保问题能够得到及时解决。再次，收集到的反馈数据需要得到专业的分析和处理。品牌应组建一个由市场营销、产品研发和客户服务等多个部门组成的反馈处理团队，定期对收集到的数据进行深入分析，识别出产品和服务的短板，以及消费者需求的变化趋势。基于这些分析，品牌应迅速调整产品策略和服务流程，确保能够持续满足消费者的期望。最后，品牌还可以利用先进的技术手段，如人工智能和大数据分析，对消费者反馈进行智能化处理。通过描绘预测模型，品牌可以更准确地把握消费者的需求和偏好，为产品和服务的优化提供科学依据。

2. 激发口碑传播，构建品牌忠诚度的桥梁

口碑营销的核心在于激发消费者的正面评价和传播力。为了鼓励消费者分享他们的使用体验和品牌故事，品牌需要采取一系列创新的激励措施。除了设置分享奖励和举办用户故事征集活动外，品牌还可以与社交媒体平台合作，发起话题挑战和互动活动，吸引更多消费者参与并分享他们的体验。同时，品牌应注重培养消费者的品牌忠诚度。通过提供优质的产品和服务，以及个性化的关怀和体验，让消费者感受到品牌的独特价值和魅力。当消费者对品牌产生深厚的情感时，才有可能自发地成为品牌的传播者，为品牌带来持续的口碑效应。

3. 构建活跃的农产品社群，增强消费者黏性与互动性

社群运营是深化农产品品牌影响力的关键一环。为了构建一个活跃的农产品社群，品牌需要注重社群的互动性和参与感。首先，应定期发布产品信息、优惠活动和农业知识等内容，保持社群的活跃度和吸引力。其次，鼓励消费者在社群中分享他们的使用体验、烹饪技巧和农产品故事等，增强社群的互动性和凝聚力。再次，品牌还可以邀请农业专家、营养师和烹饪大师等嘉宾，在社群中进行线上讲座和互动交流，为消费者提供专业的指导和建议。这种专家互动不仅可以提升社群的权威性和专业性，还能增强消费者对品牌的信任和依赖。最后，为了进一步增强消费者黏性，品牌还可以开展社群专属的优惠活动和会员计划。通过为社群成员提供独家的优惠和福利，以及定制化的产品和服务推荐，让消费者感受到品牌的关怀和重视。这种个性化的服务和优惠可以激发消费者的购买意愿和增加忠诚度，为品牌带来持续的销售增长。

4. 利用社群数据，实现精准营销与个性化服务的深度整合

在社群运营的过程中，品牌应充分利用社群数据，实现精准营销和个性化服务的深度整合。通过收集和分析消费者在社群中的行为数据、购买记录和互动信息等，品牌可以描绘详细的消费者画像和构建预测模型。这些画像、模型可以帮助品牌更准确地把握消费者的需求和偏好，为他们提供更具针对性的产品和服务。例如，品牌可以根据消费者的购买历史和浏览行为，推送

符合他们口味的农产品和优惠活动；根据消费者在社群中的互动情况和兴趣偏好，为他们提供定制化的内容和服务。这种个性化服务不仅可以提升消费者的满意度和忠诚度，还能帮助品牌优化库存管理和营销策略，提高运营效率和盈利能力。

第八章 农村社区发展与产业升级协同

第一节 农村社区治理能力提升

一、完善社区治理体系与制度建设

完善社区治理体系与制度建设是推进农村社区发展与产业升级协同不可或缺的基石。此过程需明确治理目标与原则，确保治理活动既遵循国家法律法规，又贴合农村社区的独特实际，从而保障治理工作的合法性与实效性。

在体系构建上，应着重打造多层次、多维度的治理架构，涵盖社区党组织、居民自治组织及社会组织等，以形成各司其职、协同合作的治理格局。制度建设方面，则需建立健全包括社区议事规则、民主决策机制及财务管理制度在内的各项规章制度，确保治理工作的规范化与透明化，为社区治理提供坚实的制度支撑。同时，制度的执行与监督同样至关重要。通过设立独立的监督机构、开展定期的审计活动，可以全面监督社区治理工作，及时发现并纠正问题。此外，加强制度宣传与教育，提升社区居民对制度的认知与遵从度，也是确保制度有效实施的关键。

二、优化社区领导力与人才队伍建设

(一) 优化社区领导力结构

社区领导力的优化是确保社区发展方向正确、步伐稳健的关键。在农村社区背景下，要求培养一批具备前瞻性视野、强烈责任感及高效协调能力的领导者。他们需拥有坚定的政治站位，深刻理解国家政策导向，同时具备敏锐的市场洞察力，能够准确捕捉发展机遇，引领社区走向可持续发展之路。为实现这一目标，需加强领导者的专业培训与教育体系。通过举办高级研修班、专题研讨会等形式，持续更新领导者的知识体系，提升其决策水平与领导力。同时，构建科学合理的激励机制，对在推动社区发展中表现突出的领导者给予物质与精神双重奖励，以激发其内在动力与创新能力。此外，强化领导者与社区居民的沟通桥梁至关重要。领导者应深入基层，通过定期调研、座谈会等方式，直接听取居民意见与建议，确保决策过程充分反映民意，从而有效凝聚社区内外的发展合力，共同推动社区繁荣。

(二) 构建高素质人才队伍

人才是农村社区发展与产业升级的第一资源。构建一支高素质、专业化的人才队伍，对于提升社区竞争力、促进产业升级具有决定性意义。首先，建立健全人才引进机制。通过制定吸引人才的优惠机制，如提供竞争力的薪酬福利、良好的工作环境及职业发展前景，吸引更多优秀人才加入农村社区建设。同时，深化与高等教育机构、科研院所的合作，引入高端智力资源，为社区产业升级提供科技支撑与智力保障。其次，注重人才的系统培养与激励。建立多层次、多形式的人才培养体系，包括在职培训、学术交流、实践锻炼等，不断提升人才的专业技能与综合素质。同时，建立科学的人才评价体系，对人才的贡献进行客观公正的评价，并给予相应的奖励与晋升机会，以激发人才的创新潜能与工作热情。最后，优化人才流动与配置机制。通过建立灵活的人才流动制度，促进人才在不同领域、不同岗位间的合理流动，实现人才资源的优化配置。同时，注重人才的梯队建设，培养一批年轻有为、潜力巨大的后备人才，为社区的持续发展储备力量。

三、推广数字化治理手段与技术应用

（一）构建数字化治理平台：提升治理效能，促进信息共享

数字化治理平台是农村社区治理现代化的重要标志。通过构建集数据采集、分析、决策于一体的数字化治理平台，可以实现对社区各项事务的精细化管理，提升治理效能。该平台应涵盖社区管理、公共服务、居民参与等多个方面，形成一体化的治理体系。

第一，要完善数据采集机制。利用物联网、传感器等技术，实时收集社区环境、公共服务设施、居民生活等方面的数据，为治理决策提供科学依据。同时，要确保数据的准确性和时效性，避免信息滞后或失真。

第二，要加强数据分析与挖掘。通过大数据、云计算等技术手段，对收集到的数据进行深度分析和挖掘，以发现社区治理中的问题和规律，为制定科学合理的治理策略提供支撑。例如，可以通过分析居民的行为习惯和需求偏好，优化公共服务的供给方式和内容，提高服务满意度。

第三，要实现信息共享与协同。数字化治理平台应打破部门壁垒，实现跨部门、跨领域的信息共享和协同工作。通过建立统一的数据标准和接口规范，促进不同系统之间的数据交换和操作，提高治理效率和质量。

（二）推广智慧化公共服务：满足多元需求，提升生活质量

智慧化公共服务是数字化治理的重要手段之一。通过引入现代信息技术，可以实现对公共服务的智能化管理和个性化供给，满足居民多元化的需求，提升生活质量。

一方面，要推进公共服务的数字化转型。将传统的线下服务转变为线上服务，实现服务的便捷化和高效化。例如，可以开发社区 App 或小程序，提供在线咨询、预约、支付等功能，方便居民随时随地获取服务。同时，要加

强线上服务的监管和评估，确保服务质量和安全。

另一方面，要实现公共服务的个性化供给。通过数据分析技术，了解居民的需求偏好和特征，为居民提供定制化的服务方案。例如，可以根据居民的年龄、性别、健康状况等因素，推荐适合的健康管理方案或文化活动；根据居民的出行习惯和交通状况，提供优化的出行路线和交通方式等。

（三）培育数字化产业生态：促进产业升级，激发经济活力

数字化产业生态是推动农村产业升级的重要途径。通过培育数字化产业生态，可以促进传统产业与数字技术的深度融合，推动产业转型升级，激发经济活力。首先，要加强数字基础设施建设。完善农村地区的网络、数据中心等基础设施，为数字化产业的发展提供坚实的基础支撑。其次，要推动5G、人工智能、物联网等新技术在农村地区的应用和推广，提高数字技术的普及率和应用水平。再次，要推动传统产业数字化转型。鼓励和支持传统产业企业引入数字技术，实现生产流程的智能化、自动化和精细化。从次，通过数字技术优化生产流程、提高产品质量和降低生产成本，提升传统产业的竞争力和市场占有率。例如，可以推动农业生产的智能化和精准化，提高农产品的产量和品质；推动制造业的数字化转型，实现生产过程的自动化和柔性化等。最后，要培育新兴数字产业。结合农村地区的资源和优势，培育一批具有地方特色的新兴数字产业。例如，可以发展农村电商、数字农业、智慧旅游等新兴业态，推动农村经济的多元化和可持续发展。同时，要加强数字产业的创新和研发，提高自主创新能力和核心竞争力。

（四）加强数字化技能培训：提升居民素质，促进人才发展

数字化技能培训是推广数字化治理手段与技术应用的重要保障。通过加强数字化技能培训，可以提升居民的数字化素养和技能水平，促进人才发展，为农村社区发展与产业升级提供有力的人才支撑。

一方面，要开展普及性的数字化技能培训。针对农村地区的居民特点和学习需求，开展形式多样的数字化技能培训活动。例如，可以组织数字技能

培训班、讲座、研讨会等活动，向居民传授基本的数字知识和技能；可以利用网络资源开展在线学习和远程教育等活动，方便居民随时随地学习。

另一方面，要注重高层次人才的培养和引进。通过制定优惠、提供良好的工作环境和发展机会等措施，吸引和留住高层次人才。同时，要加强与高校、科研机构等的合作与交流，引进先进的科技成果和人才资源，为农村社区发展与产业升级提供智力支持和人才保障。

四、增强社区居民参与和自治能力提升

（一）拓宽居民参与渠道，激发社区活力

居民参与作为社区治理的基石，对推动社区发展与产业升级具有不可替代的作用。为了进一步增强居民参与，应积极拓展参与渠道，为居民提供更加多元、便捷的参与方式。

1. 建立健全居民参与机制

为了保障居民参与的合法性和有效性，需要制定一套完善的居民参与规章制度。这套制度应明确居民参与的权利、义务以及参与的具体程序，确保居民在参与过程中有法可依、有章可循。同时，还应设立居民议事会、监督委员会等自治组织，这些组织将成为居民参与社区事务的重要平台和渠道。通过这些自治组织，居民可以更加直接地参与到社区事务的讨论和决策中，为社区的发展贡献自己的力量。

2. 创新居民参与方式，加强激励与引导

结合农村地区的实际情况和居民的特点，不断探索适合农村社区的参与方式。例如，可以利用互联网和移动通信技术，开展在线调查、网络投票等活动。这些活动不仅方便居民随时随地参与，还能提高社区事务的透明度和公正性。此外，还可以组织居民参加志愿服务、文化活动等，通过这些活动增强居民的归属感和责任感，使他们更加积极地参与到社区建设中。同时，为了激发居民的参与热情，还应建立相应的激励机制，对积极参与社区事务的居民给予表彰和奖励。同时，加强对居民的教育和引导，增强他们的参与

意识和能力，使他们能够更好地融入社区发展与产业升级的大潮中。

（二）提升自治能力，促进社区自我发展

1. 强化社区自治组织建设，明确职责与协作

社区自治组织是居民参与社区治理的重要平台，对于提升社区自治能力具有关键作用。因此，需加强社区党组织、居民委员会等自治组织的建设，清晰界定各自的职责和权限，确保它们能够各司其职、协同合作，共同推动社区进步。同时，应重视对自治组织成员的培训和教育，提升他们的综合素质和领导能力，使他们能够更好地为居民服务，更有效地履行职责。

在这一过程中，党组织作为社区治理的核心力量，应发挥引领作用，带动居民共同参与社区治理，推动自治能力的提升。同时，要加强居民委员会等自治组织与党组织之间的沟通与协作，形成合力，共同为社区的发展贡献力量。

2. 自治与法治并行，确保活动合法合规

在提升社区自治能力的过程中，必须始终坚守法律法规的底线，确保自治活动的合法性和有效性。为此，要加强法治宣传教育，增强居民的法治意识和法律素养，使他们在法律框架内行使自治权利、履行自治义务。同时，应建立健全社区法律制度，为社区自治提供坚实的法律保障。

在推动自治与法治结合的过程中，应充分发挥社区法律顾问、法治宣传员等角色的作用。他们可以为居民提供法律咨询和援助，帮助居民解决法律纠纷，维护居民的合法权益。同时，他们还可以协助社区自治组织制定合法的规章制度，确保自治活动的合法性和规范性。

3. 促进自治与经济发展的相互融合

经济发展是社区自治的重要基石。为了提升社区的自治能力，必须注重自治与经济发展的相互融合。通过发展社区经济、增加社区收入，可以为自治活动提供物质保障和经济支持。同时，经济发展还能带动居民就业和增收，提高居民的生活水平，进一步增强居民的自治意愿和能力。

在推动自治与经济发展的融合过程中，应充分挖掘和利用社区的资源优

势。通过发展特色产业、乡村旅游等经济项目，为社区创造更多的经济收益。同时，要引导居民积极参与社区经济活动，提高他们的经济收入和生活水平。通过居民的广泛参与，社区可以形成共同发展的良好氛围，进一步推动社区自治能力的提升。

第二节　社区资本与产业升级关联

一、社区资本积累对产业升级的影响分析

(一) 社区社会资本与产业升级的信息流通

1. 社区社会资本构建信任桥梁，加速产业升级信息传播

社区社会资本的核心在于信任、合作与互助，这些元素在产业升级的信息流通中起到了至关重要的作用。一方面，社区内部成员间的高度信任能够降低信息传播的障碍，使得产业升级的最新机制、市场动态、技术革新等信息能够在短时间内迅速扩散至整个社区。这种高效的信息流通机制，有助于社区内的企业和个人及时把握产业升级的机遇，调整经营策略，提升竞争力。另一方面，社区社会资本还能够增强社区与外部环境的互动。通过与有关部门、高校、科研机构等外部资源的紧密合作，社区能够获取更多关于产业升级的权威信息和专业指导。这种基于信任的合作关系，不仅能够为社区提供产业升级所需的技术支持、资金援助等实质性帮助，还能够促进社区与外部环境的双向沟通，使社区能够更好地适应市场变化，把握产业升级的脉搏。

2. 社区社会资本优化资源配置，促进产业升级要素整合

产业升级离不开资源的有效配置和要素的充分整合。社区社会资本在这一过程中发挥着重要的优化作用。其一，社区社会资本能够促进社区内部资源的共享与互补。通过社区成员间的合作与互助，社区内的土地、资金、人才等资源能够得到更合理的利用，为产业升级提供坚实的物质基础。其二，

社区社会资本还能够促进社区与外部资源的有效对接。通过构建多元化的合作网络，社区能够吸引更多的外部资源进入，如投资资金、先进技术、管理经验等，这些资源的引入将极大地推动社区的产业升级进程。其三，社区社会资本还能够促进社区与外部环境的资源共享和互利合作，形成产业升级的合力。

3. 社区社会资本激发创新活力，引领产业升级方向

创新是产业升级的核心动力。社区社会资本在激发社区创新活力、引领产业升级方向方面发挥着重要作用。其一，社区社会资本能够促进社区内部的知识共享与经验交流。通过组织社区活动、搭建交流平台等方式，社区成员能够共同学习新知识、新技术，分享成功经验与失败教训，从而激发社区的创新潜力。其二，社区社会资本还能够促进社区与外部创新资源的对接。通过加强与高校、科研机构等外部创新主体的合作，社区能够获取更多的创新资源和技术支持，推动社区的产业升级向高端化、智能化、绿色化方向发展。同时，社区社会资本还能够促进社区内部的创新成果转化与应用，将创新成果转化为实实在在的经济效益和社会效益。

（二）社区物质资本对产业升级的基础设施支持

1. 社区物质资本奠定产业升级的物质基础

社区物质资本，包括土地、建筑、设施、设备等有形资产，是产业升级不可或缺的物质基础。首先，土地作为最基本的生产要素，其合理规划和利用对于产业升级至关重要。社区可以通过整合土地资源，优化土地配置，为产业升级提供足够的空间支持。例如，建立产业园区、农业示范基地等，吸引外部投资，促进产业集聚和形成规模效应。其次，社区建筑和设施的建设也是产业升级的重要支撑。良好的交通、通信、水电等基础设施条件，能够降低企业的运营成本，提高生产效率。社区可以加大对基础设施的投资力度，完善交通网络，提升信息化建设水平，为产业升级提供便捷、高效的物质环境。最后，社区还可以利用现有的设备资源，为产业升级提供技术支持和保障。例如，建立共享车间、实验室等公共设施，为中小企业提供技术研发、

产品测试等服务，降低其创新成本，加速产业升级的步伐。

2. 社区物质资本促进产业升级的持续发展

社区物质资本不仅为产业升级提供初始的物质支持，还通过不断更新和升级，促进产业升级的持续发展。一方面，社区可以通过对现有基础设施的改造和升级，提高其对产业升级的适应能力。例如，对老旧厂房进行翻新改造，引入现代化生产线和智能设备，提升产业的技术水平和生产效率。另一方面，社区还可以积极引进外部物质资本，为产业升级注入新的活力。通过招商引资、合作共建等方式，吸引外部资金、技术和管理经验进入社区，推动产业升级向更高层次发展。同时，社区还可以加强与外部机构的合作，共同建设研发中心、创新平台等，提升社区的自主创新能力，为产业升级提供源源不断的动力。

（三）社区人力资本与产业升级的技术创新

1. 社区人力资本积累：构建技术创新的知识库与技能网

社区人力资本的积累，不仅仅是教育水平和技能水平的提升，更是构建一个涵盖广泛知识领域和深入技能层次的知识库与技能网。其一，社区应加大对教育的多元化投入，不仅注重基础教育，更要重视职业教育和终身学习体系的建设。通过与产业界的紧密合作，开设与产业升级紧密相关的专业课程和实训项目，确保社区居民能够掌握最新的技术知识和实践技能。其二，社区应鼓励和支持居民参与各类技能竞赛、创新项目和技术研发活动，通过实践锻炼和团队合作，提升其解决问题的能力和创新思维。其三，建立技能传承机制，让经验丰富的老工匠和技师将其技艺传授给年轻一代，保持技能链的连续性和创新性。

2. 社区人力资本流动：激发技术创新的活力与多样性

社区人力资本的流动，不仅是人才的机械性移动，更是知识、经验和创新思维的交流与碰撞。一方面，社区应制定具有吸引力的人才引进机制，提供物质上的激励，如住房补贴、科研经费等，更要营造开放包容的文化氛围，让外来人才能够融入社区，与本土人才共同成长。另一方面，社区应建立灵活的人才流动机制，鼓励人才在不同产业、不同岗位之间流动，促进知识的交叉融合和创新的跨界合作。通过组织跨行业的研讨会、交流会等活动，打破信息孤岛，激发新的创新灵感和商业模式。

此外，社区还应注重人才的国际交流，通过参与国际项目、派遣访问学者等方式，让社区居民接触国际前沿的技术和管理理念，拓宽视野，提升国际竞争力。

3. 社区人力资本配置：构建高效技术创新的生态系统

社区人力资本的合理配置，是构建高效技术创新生态系统的关键。首先，社区应根据产业升级的战略目标，对人力资本进行精准定位和规划。通过建立人才数据库和需求分析系统，实时掌握各类人才的需求和分布情况，为产业升级提供有力的人才保障。其次，社区应建立健全的激励机制和绩效评价体系，确保人才的付出与回报相匹配。通过设立创新奖励基金、股权激励等措施，激发人才的创新动力和创业热情。同时，建立公正透明的晋升机制，让优秀人才能够脱颖而出，担任关键岗位和领导职务。最后，社区应注重构建协同创新的网络体系，通过组建产学研合作联盟、创新孵化器等方式，促进不同领域、不同背景的人才之间的合作与交流。通过共享资源、分担风险、共同研发等方式，降低创新成本，提高创新效率，推动产业升级向更高层次迈进。

二、产业升级对社区资本的反哺作用

（一）产业升级带来的社区经济收益提升

产业升级不仅限于单一产业内部的技术进步和模式创新，更在于产业链的延伸和价值链的提升。通过产业升级，社区能够形成更加完整、高效的产业链，实现产业间的协同发展和资源共享。首先，产业升级促进了社区产业链的延伸。随着新兴产业的崛起和传统产业的转型升级，社区内的产业链得以不断延长和完善。例如，农业产业可以向上游延伸至种子、化肥等农业生产资料的供应，向下游延伸至农产品加工、销售等环节，形成完整的农业产业链。这种产业链的延伸不仅提高了产业的附加值，还增加了社区居民的就业机会和收入来源。其次，产业升级推动了社区价值链的提升。通过技术创新、品牌建设、市场营销等方式，社区产业得以在价值链上实现提升。例如，农产品可以通过品牌建设提高附加值，通过电子商务等新型销售模式拓宽销售渠道，实现价值的最大化。这种价值链的提升不仅增强了社区产业的竞争力，还提高了社区居民的收入水平和生活质量。最后，产业升级还促进了社区经济的多元化发展。随着产业链的延伸和价值链的提升，社区经济逐渐摆脱了对单一产业的依赖，形成了多元化的产业格局。这种多元化的经济发展模式不仅提高了社区经济的抗风险能力，还为社区居民提供了更多的就业机会和增收渠道。

（二）产业升级促进社区就业与人力资本增值

1. 产业升级拓宽社区就业渠道，提升就业质量

产业升级往往伴随着新兴产业的兴起和传统产业的转型升级，这一过程为社区带来了丰富的就业机会。新兴产业的快速发展，如绿色能源、智能制造、数字经济等，为社区居民提供了全新的就业领域。这些产业通常具有较高的技术含量和附加值，能够吸引更多高素质人才加入，从而推动社区就业结构的优化。随着新兴产业的不断壮大，社区居民的就业渠道得以拓宽，就业机会显著增加。同时，产业升级也促进了传统产业的转型升级，为社区居民提供了更多的就业选择。

2. 产业升级促进人力资本增值，提升社区竞争力

产业升级不仅为社区带来了就业机会，更促进了人力资本的增值。人力资本是经济发展的核心要素之一，其增值对于提升社区竞争力具有重要意义。首先，产业升级推动了社区居民技能水平的提升。随着产业的不断升级，对劳动力的技能要求也越来越高。为了满足产业升级的需求，社区居民需要不断学习新技能、新知识，提高自身的技能水平。这一过程不仅促进了社区居民的个人成长，还为社区经济的发展提供了有力的人才支撑。其次，产业升级促进了社区居民创新能力的提升。产业升级往往伴随着技术创新和模式创新，这需要社区居民具备较强的创新意识和创新能力。在产业升级的过程中，

社区居民通过参与创新活动、接受创新培训等方式，不断提升自己的创新能力。这种创新能力的提升不仅有助于社区居民在产业升级中抓住机遇，实现个人价值，还有助于提升整个社区的创新能力，为社区的可持续发展注入新的活力。最后，产业升级促进了社区居民社会资本的积累。社会资本是指个体或团体之间的社会关系、信任和合作等社会因素的总和。在产业升级的过程中，社区居民通过参与产业合作、技术交流等活动，建立了广泛的社会联系和合作关系。这种社会资本的积累不仅有助于社区居民在产业升级中获取更多的资源和信息，还有助于提升整个社区的凝聚力和向心力，为社区的可持续发展提供有力的社会支持。

（三）产业升级对社区物质资本投资的带动作用

1. 产业升级促进基础设施投资升级

产业升级往往伴随着对基础设施的更高要求。为了满足产业升级的需求，社区需要加大对基础设施的投资力度，包括交通、通信、能源、水利等方面。首先，交通基础设施的改善是产业升级的重要支撑。随着产业的不断升级，对交通运输的需求也日益增加。因此，社区需要投资建设更加便捷、高效的交通网络，以支持产业的快速发展。其次，通信基础设施的升级也是产业升级的必然要求。在信息化时代，通信网络的覆盖范围和速度直接影响到产业的竞争力和创新力。因此，社区需要加大对通信基础设施的投资，提高网络覆盖率和传输速度，为产业升级提供有力的信息支持。

2. 产业升级带动相关产业投资增加

产业升级不仅促进了主导产业的发展，还带动了相关产业的投资增加。随着主导产业的升级，其对上下游产业的需求也在不断增加。为了满足这些需求，相关产业需要加大投资力度，提高自身的生产能力和技术水平。例如，在农业产业化升级的过程中，对农药、化肥、农机等农业生产资料的需求会相应增加。这就会带动这些相关产业的投资增加，促进整个产业链的协同发展。同时，产业升级还会带动服务业的投资增加。随着产业的升级，对服务业的需求也在不断增加。例如，随着农村电商的兴起，对物流、仓储、金融等服务业的需求也在不断增加。这就会带动这些服务业的投资增加,从而为产业升级提供全方位的服务支持。

三、社区资本与产业升级的协同机制构建

(一)社区参与利益共享机制

1. 增强社区参与意识与能力

其一,要增强社区居民的参与意识。通过宣传教育、培训讲座等方式,提高居民对产业升级重要性的认识,激发他们参与产业升级的积极性和主动性。让居民了解产业升级关乎社区的经济发展,更与他们的切身利益息息相关,从而增强他们的责任感和使命感。

其二,要提升社区居民的参与能力。产业升级涉及多个领域和方面,需要居民具备一定的知识和技能。因此,社区应组织各类技能培训和知识讲座,帮助居民掌握产业升级所需的基本技能和知识,提高他们的参与能力。同时,鼓励居民成立各类合作社、协会等组织,通过集体行动来增强参与的力量和效果。

2. 建立利益共享平台与机制

为了确保社区居民能够公平分享产业升级带来的利益,需要建立利益共享平台和机制。首先,要搭建一个公平、透明、高效的利益分配平台,确保产业升级带来的经济收益能够按照公平、合理的原则进行分配。这个平台可以是一个由社区居民、企业、有关部门等多方参与的协商机构,通过协商谈判来确定利益分配的具体方案。其次,要建立健全的利益共享机制,应该包括多个方面,如产权保护、收益分配、风险共担等。通过明确各方的权益和义务,确保产业升级带来的利益能够得到合理分配。同时,要建立健全的监督机制,对利益分配的过程和结果进行监督和评估,确保分配的公平性和合理性。最后,在利益共享机制中,特别要关注弱势群体的利益保障。产业升级可能会带来一些社会和经济的不平等现象,因此,需要建立相应的补偿和扶持机制,确保弱势群体也能够从产业升级中受益。例如,可以通过提供就业培训、创业扶持等方式,帮助弱势群体提高就业能力和创业机会,从而分

享产业升级带来的利益。

（二）产业升级项目与社区资本的对接策略

1. 深入调研，精准匹配产业升级项目与社区资本

其一，对社区资本进行全面的调研和评估。这包括了解社区的自然资源、人力资源、社会资本以及物质资本等各方面的状况，明确社区资本的优势和潜力所在。通过调研，可以准确地把握社区资本的特点和分布，为后续的对接工作提供坚实的基础。

其二，对产业升级项目进行深入的剖析和筛选。根据社区的经济基础、产业结构以及市场需求等因素，选择符合社区发展实际的产业升级项目。同时，要对项目的可行性、风险性以及预期收益等进行全面评估，确保项目的科学性和合理性。

在调研和评估的基础上，要精准匹配产业升级项目与社区资本。根据项目的需求和社区资本的特点，制定具体的对接方案。例如，对于需要大量资金投入的项目，可以积极引入社区的金融资本；对于需要技术支持的项目，可以充分利用社区的人力资源和技术资本。通过精准匹配，可以确保产业升级项目与社区资本的有效对接，实现资源的优化配置和高效利用。

2. 建立多元化的对接平台和机制

为了促进产业升级项目与社区资本的有效对接，需要建立多元化的对接平台和机制。这包括有关部门引导的平台、市场主导的平台以及社区自主的平台等。

有关部门引导的平台可以发挥有关部门在政策、资金以及信息等方面的优势，为产业升级项目与社区资本的对接提供支持和保障。例如，有关部门可以设立专门的产业升级基金，为符合条件的项目提供资金支持；同时，有关部门还可以搭建信息共享平台，为项目方和资本方提供及时、准确的信息服务。

市场主导的平台可以充分发挥市场在资源配置中的决定性作用。通过市场机制实现产业升级项目与社区资本的有效对接。例如，可以建立产权交易市场、股权融资市场等，为项目方和资本方提供交易场所和融资渠道；同时，

还可以引入风险投资、私募股权等市场化的投资方式,为产业升级项目提供多元化的资金来源。

社区自主的平台可以激发社区居民的积极性和创造力。通过社区内部的合作和互助实现产业升级项目与社区资本的有效对接。例如,可以建立社区合作社、社区基金会等组织,鼓励社区居民以资金、技术、劳动力等方式参与产业升级项目;同时,还可以开展社区内部的技能培训、创业辅导等活动,提高社区居民的参与意识和创业水平。

3. 加强监管和评估,确保对接效果和质量

在产业升级项目与社区资本对接的过程中,需要加强监管和评估工作,确保对接效果和质量。这包括对项目实施过程的监管、对资本使用情况的监督以及对对接效果的评估等方面。首先,要加强对项目实施过程的监管。建立项目管理制度和流程,明确各方的责任和义务;同时,要加强对项目进展情况的跟踪和检查,确保项目按照计划顺利推进。其次,要加强对资本使用情况的监督。建立资本使用监管机制,对资本的投入、使用以及回报等情况进行全程监督;同时,要加强对资本方的信用评估和风险管理,确保资本的安全和有效使用。最后,要加强对对接效果的评估。建立评估指标体系和评估方法,根据对接效果进行定期评估和反馈;根据评估结果及时调整对接策略和方案,确保对接效果和质量不断提升。

第三节 乡村文化保护与传承

一、乡村文化资源的挖掘与整理

(一)深入挖掘乡村文化资源的独特性与多样性

1. 历史遗迹的探寻与保护

乡村中往往散落着众多历史遗迹,如古建筑、碑刻、古墓葬等。这些遗迹是乡村历史文化的直接见证,对于研究乡村发展历程、社会变迁具有不可替代的价值。因此，我们需要通过专业的考古调查和文物保护技术，对这些遗迹进行科学的探寻与保护，确保它们的历史信息得以完整保存。

2. 传统手工艺的传承与发扬

乡村手工艺是乡村文化的重要组成部分，如编织、陶艺、剪纸等。这些手工艺不仅具有实用价值，更蕴含着深厚的文化底蕴。在挖掘过程中，我们应注重对传统手工艺人的访谈与记录，了解他们的技艺传承历程、制作工艺及背后的文化意义，为后续的传承与发扬提供翔实的资料。

3. 民俗活动的整理与再现

乡村民俗活动是乡村文化的重要表现形式，如节日庆典等。这些活动不仅丰富了乡村居民的精神生活，也传承了乡村的传统文化和价值观。在挖掘过程中，我们应通过田野调查、口述历史等方式，对民俗活动的起源、演变、意义等进行全面整理，并尝试通过现代科技手段进行再现和传播，让更多人认识和了解乡村文化。

(二) 科学整理与记录，确保文化遗产不被遗忘

挖掘乡村文化资源只是第一步，如何科学地整理和记录这些资源，确保它们不被遗忘，才是更为关键的任务。

其一，建立乡村文化资源数据库。通过数字化手段，将挖掘到的乡村文化资源进行分类、编码和存储，建立起一个全面、系统的乡村文化资源数据库。这个数据库不仅可以为学术研究提供便利，也可以为乡村文化旅游、文化创意产业的发展提供有力支持。

其二，编纂乡村文化志书与图录。在数据库的基础上，我们可以进一步编纂乡村文化志书和图录。志书可以详细记录乡村的历史沿革、文化特色、风俗习惯等，而图录则可以通过图片、视频等形式，直观地展示乡村文化的魅力和风采。这些志书和图录不仅可以作为乡村文化的重要文献，也可以作为乡村文化传承和教育的教材。

其三，加强乡村文化研究与传播。整理与记录只是手段，真正的目的是让乡村文化得到更好的传承和发展。因此，我们需要加强乡村文化的研究和

传播工作，通过学术会议、展览、讲座等形式，让更多人认识和了解乡村文化的价值和意义。同时，也可以利用现代媒体手段，如网络、电视、广播等，将乡村文化更广泛地传播到群众中。

二、乡村文化传承的机制与路径

（一）建立多元化的文化传承机制

1. 教育普及：培养青少年的文化认同感

教育是文化传承的基石，尤其在乡村地区，加强对青少年的文化教育显得尤为重要。为了将乡村文化的知识有效地传递给下一代，我们应将乡村文化纳入教育课程体系，通过系统的课堂教学，让青少年深入了解乡村文化的历史渊源、独特价值以及与现代社会的联系。同时，课堂教学应与实践活动相结合，如组织青少年参观乡村历史遗迹、参与传统手工艺制作等，让他们在亲身体验中感受乡村文化的魅力，从而建立对乡村文化的深厚感情和认同感。

此外，利用青少年假期和课余时间，组织文化夏令营、冬令营等活动，也是教育普及的有效方式。这些活动可以围绕乡村文化的主题，设计丰富多彩的课程和活动，如乡村文化讲座、民间艺术体验、乡村生活实践等，让青少年在轻松愉快的氛围中，进一步加深对乡村文化的了解和认识。

2. 社区参与：激发村民的文化传承热情

乡村文化的传承离不开社区的广泛参与。为了激发村民对文化传承的热情，我们可以建立乡村文化志愿者队伍，组织村民积极参与文化活动的策划、组织和实施。通过让村民成为文化传承的主体，他们不仅能够更加深入地认识和了解乡村文化，还能够在传承过程中获得成就感和自豪感。除了志愿者队伍，我们还可以通过举办文化讲座、展览、演出等活动，提高村民对乡村文化的认识和兴趣。这些活动可以展示乡村文化的丰富多彩和独特魅力，让村民在欣赏和体验中，感受到乡村文化的价值和意义。

3. 文化活动组织：展现乡村文化的独特魅力

定期举办各种文化活动是传承乡村文化的有效方式。我们可以结合乡村的实际情况，组织传统节日庆典、民俗表演、手工艺展示等活动，让村民在参与中感受乡村文化的魅力。这些活动不仅可以展示乡村文化的独特性和多样性，还能够增强村民对乡村文化的认同感和自豪感。在组织文化活动时，注重活动的创新性和互动性。可以引入现代科技手段，如虚拟现实、增强现实等，为传统文化注入新的活力；同时，还可以设计互动环节，让村民在参与中体验乡村文化的乐趣。

（二）探索适合当地的文化传承路径

1. 师徒传承

在一些手工艺、民间艺术等领域，师徒传承是一种古老而有效的传承方式。它不仅仅是一种技艺的传授，更是一种文化的传递和精神的延续。师傅通过言传身教，将技艺的精髓和文化内涵传授给徒弟，使这些宝贵的技艺得以延续。以陶瓷制作为例，许多乡村地区都有着悠久的陶瓷制作历史。然而，随着现代化进程的加速，许多年轻人选择离开乡村，导致陶瓷制作技艺面临失传的风险。为了挽救这一技艺，一些老艺人开始收徒传艺，通过一对一的教学，将陶瓷制作的技艺和文化内涵传授给年轻一代。这种传承方式不仅确保了技艺的延续，还培养了年轻一代对乡村文化的认同感和自豪感。因此，应鼓励和支持乡村中的手工艺人、民间艺术家收徒传艺。

2. 家庭传承

家庭是乡村文化传承的重要场所。在许多乡村地区，一些传统文化和习俗是通过家庭代代相传的。这种传承方式具有自然、亲切的特点，能够让孩子在潜移默化中接触和了解乡村文化，形成对乡村文化的深厚感情。以节日习俗为例，许多乡村地区都有着丰富的节日习俗，如春节贴春联、端午节包粽子、中秋节赏月等。在家庭传承中，家长可以通过讲述节日的故事、教孩子制作节日食品等方式，让孩子了解并参与到这些习俗中。这样，孩子不仅能够学到传统文化知识，还能够在实践中感受到乡村文化的魅力。

3. 学校教育

学校是乡村文化传承的重要阵地。除了将乡村文化知识纳入学校课程体系外，还可以开展各种形式的校园文化活动，让学生在校园中就能感受到乡村文化的氛围。在课程设置上，学校可以开设乡村文化课程，介绍乡村的历史、文化、风俗等。同时，还可以结合当地的实际情况，开展特色课程，如手工艺品制作、民间艺术欣赏等。这些课程不仅可以丰富学生的知识储备，还能够培养他们的审美情趣和文化素养。在校园文化活动方面，学校可以举办文化讲座、文艺比赛、手工艺品制作等活动。这些活动不仅可以展示学生的才华和创造力，还能够激发他们对乡村文化的兴趣和热爱之情。例如，可以邀请当地的民间艺术家进校园进行表演和教学，让学生近距离感受乡村文化的魅力。

此外，学校还可以与乡村社区合作，共同开展文化传承项目。通过学校与社区的互动，不仅可以促进乡村文化的传承和发展，还能够增强学生的社会实践能力和责任感。

参考文献

[1] 许涛. 中国乡村振兴与农村产业发展 来自千村调查的发现 [M]. 上海：上海财经大学出版社，2022.

[2] 陈潇玮. 乡村振兴战略下农村产业与空间的转型与发展 [M]. 长春：北方妇女儿童出版社，2020.

[3] 贺立龙，邹曦，刘峥. 迈向中国式农业农村现代化：能力视角下脱贫农户融入乡村产业振兴研究 [M]. 北京：经济科学出版社，2023.

[4] 国家发展和改革委员会农村经济司. 乡村产业振兴的引领样板——国家农村产业融合发展示范园创建报告 2020 [M]. 北京：中国计划出版社，2021.

[5] 肖锐. 农村产业发展赋能乡村振兴的贵州实践 [M]. 北京：中央民族大学出版社，2024.

[6] 王雪梅，王利红. 乡村振兴背景下农村产业振兴研究 [M]. 北京：群言出版社，2022.

[7] 王鑫. 乡村振兴与农村一二三产业融合发展 [M]. 北京：中国农业科学技术出版社，2020.

[8] 李福英，杨芳. 产业集群视角下农村电商推动乡村振兴机理及效应研究 [M]. 徐州：中国矿业大学出版社，2024.

[9] 王延伟. 乡村振兴背景下东北地区农村产业融合发展研究 [M]. 北京：人民出版社，2023.

[10] 侯秀芳，王栋，王慧.乡村振兴战略下村镇空间优化与农村产业发展研究［M］.青岛：中国海洋大学出版社，2020.

[11] 侯新烁.数字赋能乡村产业振兴与智慧农业发展［M］.湘潭：湘潭大学出版社，2022.

[12] 刘伟江，刘冰琪.农村数字基础设施建设赋能乡村振兴的路径——基于数字化与现代农业产业融合的视角［J］.山西财经大学学报，2024，46（10）：72-88.

[13] 肖晓哲.乡村振兴视域下的农民合作社推进农村产业融合的机制构建［J］.农业经济，2024（9）：95-97.

[14] 田丰.让农村产业融合成为乡村振兴的新动能［J］.村委主任，2024（18）：43-45.

[15] 李鑫，马泽跃，李文倩.乡村振兴背景下农村产业升级与经济发展研究与探讨［J］.山西农经，2024（17）：72-74，143.

[16] 孔德营.乡村振兴战略下农村电商赋能产业发展模式研究［J］.中国商论，2024，33（15）：49-52.

[17] 曾虹，李昌霖，彭文彬.乡村振兴战略下农村特色产业发展的财政机制研究［J］.山西农经，2024（14）：65-67.

[18] 张雪晴.乡村振兴背景下威海市农村产业融合发展水平测度与对策研究［J］.现代营销（下旬刊），2024（7）：86-88.

[19] 陈燕.乡村振兴战略中农业现代化与农村产业升级研究［J］.农业开发与装备，2024（7）：31-33.

[20] 孙祥凤.乡村振兴视角下推进农村产业发展策略［J］.农业工程技术，2024，44（20）：112-113.

[21] 沈洁，王梦凡.乡村振兴背景下农村产业融合发展的路径探析［J］.现代化农业，2024（7）：70-72.

[22] 王梦菲，杨光.乡村振兴视角下农村养老产业问题与策略研究［J］.国际公关，2024（12）：37-39.

[23] 朱立丽.乡村振兴背景下哈尔滨市农村产业空心化应对策略研究［J］.

学理论，2024（3）：94-96.

[24] 魏德元. 基于乡村振兴视域下的农村产业发展路径分析——以皋兰县为例［J］. 河北农机，2024（11）：148-150.

[25] 尹彤，江小芳，王兴中. 乡村振兴战略下农村产业融合绿色创新路径研究［J］. 黑龙江粮食，2024（5）：94-96.

[26] 王晓梅. 乡村振兴战略下甘肃省农村特色产业融合发展［J］. 村委主任，2024（11）：189-191.

[27] 王旭，王兆丰. 农村产业结构调整与乡村振兴路径研究［J］. 河南农业，2024（10）：10-12.

[28] 谢金霞. 乡村振兴战略下农村产业结构优化策略研究［J］. 山东农业工程学院学报，2024，41（5）：21-25.